KB176007

아파트
사회학

아파트
사회학

초판인쇄 2018년 5월 31일
초판발행 2018년 5월 31일

지은이 서정렬
펴낸이 채종준
펴낸곳 한국학술정보(주)
주소 경기도 파주시 회동길 230(문발동)
전화 031 908 3181(대표)
팩스 031 908 3189
홈페이지 http://ebook.kstudy.com
E-mail 출판사업부 publish@kstudy.com
등록 제일산-115호(2000. 6. 19)

ISBN 978-89-268-8679-3 03330

아파트 사회학

서정렬 지음

일러두기

- 본 저서는 교육부의 '2017년 대학의 평생교육체제 지원사업' 사업비를 받아 제작되었습니다.
- 인명, 작품명, 저서명, 개념어 등은 한글과 함께 괄호 안에 해당 국가의 원어를 병기했습니다.
- 외래어 표기는 현행 어문규정의 외래어표기법을 따랐습니다.

들어가는 말

아파트에 대한 변명을 하고 싶었다. 최근 문재인 정부 들어 다시 강조되고 있는 '똘똘한 한 채'로서의 강남 아파트에 대한 일반적인 선호에 대한 변명이 아니다. 아파트에 대한 대중의 인식과는 달리 인텔리겐차로서의 지식인들은 대체로 아파트 위주의 주택유형 또는 아파트로 인한 각종 사회적 문제와 개인적인 학문적 대상으로서의 호불호 때문에 아파트에 다소 비판적인 입장을 견지하고 있다.

따라서 아파트를 두고 '공적 냉소와 사적 정열이 지배하는 사회'[1] 또는 '아파트 공화국'이나 '아파트 이데올로기'의 표상으로 여기는 일단의 부정적 인식이 식자층을 중심으로 지속적으로 제기되어 왔기 때문이다.

아파트 가격이 이상 과열내지는 급등하면서 자산 가치 상승으로 인한 지역 간 격차, 계층 간 격차가 더 벌어졌다는 언론 기사가 반복될수록 아파트에 대한 우리나라 사회에서의 질타는 마치 마녀사냥처럼 모든 문제의 근원에 아파트가 있는 듯 매섭기까지 하다.

문재인 정부 출범 이후 작고 큰 10여 차례의 부동산 대책으로 전국적으로 주택 가격이 하향 안정화되고 있는 상황에서 최근 서울의 강남 집값은 또 다시 상승한다는 소식이 전해지면서 강남 아파트에 대

---

1) 박철수교수께서 지은 『아파트』(2013, 마티)의 부제이기도 하다. 그러나 아파트 자체가 '공적 냉소와 사적 정열이 있는 대상'이라기보다는 강준만교수의 『한국인 코드』(2006, 인물과사상사)에서 언급한 '오늘날 한국인에게 가장 필요한건 정열과 냉소의 이중성을 타파하는 일'로부터 아파트라는 물상을 통해 '공적 냉소와 사적 정열이 지배하는 사회'를 설명하고 있다.

한 사회적 반감은 다시금 증폭되고 있는 상황이다.

눈치는 보인다. 아파트에 대해 변명한다고는 했지만 변명으로서의 명분이나 논리가 제대로 전달되지 못한 상태로 읽힌다면 아파트에 대한 변명이 오히려 저간에 개진되어 왔던 아파트와 관련된 여러 지적과 문제점들에 대한 백기 투항처럼 비쳐질 수 있겠다는 생각 때문이다.

그래서 결정했다. 제대로 된 변명이 되었든 아니든 아파트에 대한 문제점들에 대한 어쩔 수 없는 공감이든 아니든 간에 우리나라의 대표적인 주거유형 가운데 하나인 아파트를 좀 더 정확히 알아야겠다는 생각을 하게 되었다.

이 책은 이런 자기변명의 산물이다. 결국 아파트에 대한 제대로 된 변명이 아니라 이 책을 왜 쓰게 되었는가에 대한 자기변명인 셈이다.

Contents

Chapter 01

왜, 아파트
사회학인가?

우리는 왜 아파트를 '욕망'하는가? 자산으로서의 부동산 가운데 가장 강력하기 때문이다. 그것이 자신의 자산의 규모와 신분을 대신하는 '그 무엇'이기 때문이다. 다른 어떤 것보다 가장 확실한 화폐이면서, 이 시대를 관통하는 키워드이기 때문이다. 그렇지 않다면 설명되지 않는다. 우리는 아파트를 욕망하고 거기에 살며, 거기에서 꿈꾼다. 그곳에서 TV를 보고, 그곳에서 정치를 얘기하고 그곳에서 자신의 삶을 뒤돌아본다. 그리고 남들과 비교하며, 자신을 질책하기도 한다. 아파트가 사회학적 대상이나 주제가 된 것은 이미 오래다. '왜, 아파트인가? 왜, 아파트 사회학인가?'라는 물음은 어쩌면 '왜 아직도 아파트인가? 왜 아직도 아파트 사회학인가?'를 되묻기 위한 질문에 불과하다.

아파트 공화국의 유래

우리나라 주거유형 가운데 아파트가 60.1%를 차지하는 것을 두고, 그리고 아파트가 주택가격을 선도하고 있으며 여전히 내 집 마련을 꿈꾸는 많은 사람들이 아파트를 선호하는 '사회적 현상'을 두고 나온 말 가운데 하나가 "아파트 공화국"이다.

대부분의 사람들은 우리나라의 유별난 아파트 중심의 주거 문화를 두고 다소 부정적으로 느낄 수도 있지만 "아파트 공화국"이라 부르는 것에 대해 대체로 공감하는 분위기다. 그런데 궁금한 것은 "아파트 공화국"이라고 처음으로 이름 붙인, 또는 그렇게 표현한 사람은 누구 일까?하는 궁금중이다. 다양한 분야에서 다수의 사람들이 "아파트 공화국"을 인용하고 있으나 처음으로 "아파트 공화국"이라 명명한 사람이 누구인지에 대한 언급을 찾기는 쉽지 않다.

　　아파트 공화국이라는 단어 자체는 다소 부정적인 의미를 담고 있다. 그래서 인지 소위 진보적 성향의 학자들이 아파트 사회의 도래를 마뜩해하지 않는 의사의 반영이라고 『아파트에 미치다』[1]의 저자인 전상진 교수는 진중권교수의 저작을 들어 이렇게 설명한다. "가령 강준만 교수는 한국사회를 '아파트 공화국'[2]이라 명명하면서 그것을 '미스테리'로 보았다. 그러면서 그의 책에 강준만 교수의 글 가운데 일부를 인용하면서 이렇게 말한다. "강준만 교수 역시 한국사회가 온통 아파트로 뒤덮인 현실을 쉽게 받아들이지 못하고 있다"인용된 진중권 교수의[3] 글은 이렇다. "내 머리로 도저히 이해가 안 되는 것은 아파트를 좋아하는 우리나라 사람들의 취향이다. 사실 서구에서 아파트는 주로 서민층이 거주하는 곳으로 인식된다. 중산층 이상이면 벌써 도시 외곽의 단독주택을 찾아 나가고, 상류층쯤 되면 경관이 좋

---

1) 전상인(2009). 『아파트에 미치다 - 현대한국의 주거사회학』. 이숲.

2) 강준만(2005.12.21). "아파트 공화국"의 미스테리, 《한겨레21》

3) 발레리 줄레조의 책 『아파트 공화국』(2007)의 뿌리가 된 저서는 그녀가 2003년 출간해 같은 해 프랑스 지리학회가 수여하는 가르니에 상(Francis Garnier)을 수상한 『Seoul, ville geante, cites radieuses』이다. 이 책은 2004년 『한국의 아파트 연구』(2004, 아연출판부)로 번역되어 우리나라에 소개된 바 있다. 『아파트 공화국』의 책 내용은 그 뿌리인 『한국의 아파트 연구』와 상당히 흡사하며, 『한국의 아파트 연구』가 고려대 아세아문제연구소에 펴내는 동아시아연구총서의 하나로 책의 내용이 연구보고서 형태를 취했다면 『아파트 공화국』은 장(章)의 제목을 좀 더 쉽게 읽히게 만들었다고 할 수 있다.

은 곳에 커다란 저택을 지어 살게 마련이다.”[4)]

만약 강준만 교수에 의해 “아파트 공화국”이라는 표현이 처음 사용된 것이라면 시점은 출간 기준으로 볼 때 2005년이다. 우리나라 아파트를 주제로 박사 학위 논문은 받은 프랑스 출신 지리학자인 발레리 줄레조는 본인이 논문을 준비하면서 느낀 생각과 조사 내용을 정리해 『아파트 공화국』(2007, 후마니타스)이라는 책을 발간한다. 이 보다 2년 앞서 강준만교수가 “아파트 공화국”이라는 용어를 사용한 것은 맞다.

프랑스 여류 지리학자인 발레리 줄레조가 우리나라 아파트 대상의 박사 논문을 작성하면서 정리한 자료와 아파트에 대한 그녀의 생각을 정리해 펴낸 『아파트 공화국』[5)](2007)제목의 책자 표지.

그런데 이보다 앞서 “아파트 공화국”이라는 단어를 쓴 기록이 확인된다. 비록 소설책의 제목이기는 하지만 신석상 소설가에 의해 『아파트 공화국』[6)](1983, 서문당) 제목의 소설이 이미 1983년도에 출간

4) 원래의 출처는 진중권(2006.02). “강남은 극성스러운 욕망의 기관차일 뿐”《월간중앙》이나 전상인. 앞의 책. pp.26~27.에서 재인용.

5) 발레리 줄레조의 책 『아파트 공화국』(2007)의 뿌리가 된 저서는 그녀가 2003년 출간해 같은 해 프랑스 지리학회가 수여하는 가르니에 상(Francis Garnier)을 수상한 『Seoul, ville geante, cites radieuses』이다. 이 책은 2004년 『한국의 아파트 연구』(2004, 아연출판부)로 번역되어 우리나라에 소개된 바 있다. 『아파트 공화국』의 책 내용은 그 뿌리인 『한국의 아파트 연구』와 상당히 흡사하며, 『한국의 아파트 연구』가 고려대 아세아문제연구소에 펴내는 동아시아연구총서의 하나로 책의 내용이 연구보고서 형태를 취했다면 『아파트 공화국』은 장(章)의 제목을 좀 더 쉽게 읽히게 만들었다고 할 수 있다.

6) 소설가 신석상은 1937년 4월 21일 전북 부안 출생했다. 1966년 『현대문학』에 「그레셤의 법칙」으로 1회 추천을 받은 후 1969년 문화공보부 신인상에 「환상방황」으로 당선하여 문단에 등단했다. 1983년 한국소설문학상을 수상했다. 소설집 『속물시대』(1975), 『정들면 고향』(1976), 『사랑은 파도처럼』(1979), 『아파트 공화국』(1983.09.01), 『제자리걸음』(1985) 등을 발간. 그는 역사적 비극에 처한 인간의 삶을 다룸으로써 강한 사회의식을 드러내는데, 1980년에 발

신석상 소설가가 1983년에 펴낸 『아파트 공화국』이라는 제목의 장편소설책 표지 사진.

된 것이다.

이것은 "아파트 공화국"이라는 용어 자체를 책 제목으로 사용하였거나 또는 아파트로 인해 야기되는 다양한 문제들에 대한 문화적·사회적 비평이나 아파트 위주의 주거생활과 관련된 사회적 고발을 시도한 첫 사례라고 할 수 있다.

따라서 우리나라의 주거 문화 또는 도시 사회학과 관련된 비평적 시각으로서 사용되거나 언급되는 "아파트 공화국"이라는 용어의 기원은 출간된 저작물을 검색 또는 확인한 결과 신석상[7]소설가의 장편소설 『아파트 공화국』으로부터 비롯되었다고 할 수 있다.

왜, 아파트 사회학인가?

우리나라에 있어 '아파트'는 욕망, 그 자체다. 집을 필요로 하는 대개의 사람들은 '아파트'를 욕망한다. 시장의 변화에 따라 '아파트' 가

표한 「갈대의 세월」이 대표작으로 꼽힌다.(출처: 네이버 지식백과. 신석상[辛錫祥]. 한국현대문학대사전. 2004.02.25) http://terms.naver.com/entry.nhn?docId=333586&cid=41708&categoryId=41737

7) 그러나 이 책은 현재 절판되어 시중에서는 구입할 수 없다. 따라서 실물의 책을 확인 하지 못하였으며, 내용 또한 파악할 수 없었다. 본문에 실린 책 표지는 인터넷 포털을 통해 검색한 결과 확인 된 것이다. 책에 대한 인터넷 검색 결과의 서지정보에 따르면 책은 전체가 274쪽으로 구성되어 있으며, 1983년도 초판 이후 추가 인쇄된 바는 없는 것으로 확인 된다. 이 책의 표지 사진 등은 아래 사이트를 통해 확인 했음을 밝힌다. http://www.burimbook.co.kr/index.html?menu=view&uid=89853

격이 오를수록 더 그렇다. 더 많이, 더 빨리 오르는 '아파트'를 모두 열망한다.

위 문장에서 '아파트'를 일반 보통명사인 '부동산'으로 바꿔보면 다음과 같은 문장이 만들어 진다.

우리나라에 있어 '부동산'은 욕망, 그 자체다. '부동산'을 욕망한다. '부동산' 가격이 오를수록 더 그렇다. 더 많이, 더 빨리 오르는 '부동산' 열망한다.

아파트를 부동산으로 바꾸어도 문장의 흐름이 어색하지 않다. 아파트가 부동산으로 대체되더라도 문장 전체의 의미와 뉘앙스가 전혀 다르게 느껴지지 않는다. '아파트는 우리에게 무엇인가?'라는 물음에 "자신의 자산 가치를 극대화해주는 자산으로서의 '부동산'"이라고 대답 하는 것과 같다. 그렇다. 아파트는 부동산이며 바로 자산으로서의 '돈'이다.

앞의 같은 문장에 '돈'이라는 단어를 넣어보자.

우리나라에 있어 '돈'은 욕망, 그 자체다. 집을 필요로 하는 대개의 사람들은 '돈'을 욕망한다. 시장의 변화에 따라 '돈'의 가격(가치)이(가) 오를수록 더 그렇다.

현재 우리 사회에서의 아파트는 바로 자신의 부를 과시할 수 있는 자산으로서의 부동산이며 바로 그것은 다름 아닌 그것 자체가 '돈'인 것이다. 또한, 자산의 규모, 크기로 갖는 또 다른 '계급'이다.

여기에 본 저서에서 논하고자하는 대상인 '아파트'라는 보통 명사의 딜레마가 있다. 어쩌면 우리는 아파트가 아니라 가격이 오르는, 자산 가치를 키워주는 부동산을 선호했거나 선호하고 있는 것일지 모른다. 아파트가 아닌 다른 상품으로서의 부동산이 가격 상승폭이 크고, 더 잘 오르는 부동산이 있었다면 아마도 사람들은 그 부동산에 집중했을 것이다. 그랬다면 강준만 교수가 2006년 어느 저작에서 언급한 것처럼 "중산층 이상이면 벌써 도시 외곽의 단독주택을 찾아 나가고, 상류층쯤 되면 경관이 좋은 곳에 커다란 저택을 지어 살게 마련이다"는 글을 썼던 당시 이후로도 그 증가 추세가 멈추지 않은 아파트의 공급과 그에 따른 사회·문화적, 도시 병리적인 다수의 문제점들에 대한 경계와 지적이 적중했을지 모를 일이다.

이렇듯 일반 대중들의 아파트에 대한 맹신이 커지면 커질수록 일부 지식인들의 아파트에 대한 다소 부정적인 문제 제기는 아파트로 인한 공(功)보다는 과(過)로 보는 시각에서 비롯되는 측면이 없지 않다. 좋은 점보다는 나쁜 점이 많기에 좋은 점이 나쁜 점들을 상쇄하지 못하는 한 그런 나쁜 점들로 인해 건전한 주거 선택, 주거 환경, 주거 여건 등을 만드는데 한계가 있다고 보는 것이다.

아파트가 부적절한 주거 형태라는 의미는 물리적으로 법정 용적률을 최대한 뽑아 만든 경관적 요소가 없는 성냥곽 형태로부터 기인한다는 차원이 아니다. 몰개성적이며, 폐쇄된 닫힌 단지 형태로 개발된 게이티드 하우징(gated housing)[8]으로서의 물리적 형태에 기인하기보다는 우리 사회에서 아파트가 점하는 '현대성'이라는 명분으로 탄생한 아파트의 태생적 특징과 이에 근거한 '한국적 현상' 때문이다.

사진은 우리나라 최초의 단지형 아파트인 마포아파트단지의 1965년 모습(출처: 대한민국정부 기록사진집

강준만 교수는 우리나라 아파트가 갖는 '현대성'의

---

8) 주로 '기존 아파트와 차별화된 폐쇄된 단지개념의 고가 공동주택 내지는 주상복합아파트'로 설명된다.

아파트 사회학

의미에 대해 다음과 같이 적시한다. "아파트는 한국적이다. 한국과 한국인의 특성을 상징하거나 대표할 수 있는 사물을 하나 들라면 그건 단연 아파트일 것이다. 아파트는 처음에 현대성의 상징으로 도입됐다. 1958년 광복 이후 최초로 서울 성북구 종암동에 아파트가 세워졌을 때 준공식에 참석한 이승만 대통령이 역설했던 것도 바로 '현대성'이었다. 1964년 마포아파트단지 완공식에서 박정희 대통령도 아파트를 현대성의 상징으로 부각시켰다."[9]

아파트의 '한국적 현상'에 대해 강준만 교수는 이렇게 말한다. "한국은 세계 최고 수준의 사회문화적 동질성을 가진 나라이다. 그래서 한국의 구별짓기는 매우 독특한 점이 있다. 사회문화적 동질성 때문에 구별짓기를 할 만한 게 없어 구별짓기가 아파트, 학교, 자동차, 명품 등에 몰릴 수밖에 없다"[10]는 것이다. 이러한 구별짓기에 강남은 선도지역이라고 역설한다. "구별짓기는 아파트 고급화는 물론 8학군, 대치동 학원가가 말해주듯이 교육으로 먼저 나타났다. 구별짓기의 지존으로서 강남 파워를 웅변해주는 건 타워팰리스다. 철저한 '분리의 원리'를 지향하는 타워팰리스는 안과 밖을 나누며 '차별의식'을 낳고 있다"고 지적한다. 한국적 현상으로서의 아파트 문화와 아파트 중심의 강남지역이 만들어내는 '닫힌 구조'가 아파트를 통한 한국적 현상을 그대로 대변한다고 강조한다. 물론 강준만 교수가 언급한 구별짓기로 특징 지워지는 '한국적 현상', '강남 현상'의 대표적인 사례인 8학군, 타워팰리스 등은 최근 대입 컨설팅, 강남 재건축, 개포 주공아파트나 삼성동 아이파크 등으로 구별짓기가 진화되고 있다.

---

9) 강준만(2005.12.21.) '아파트 공화국'의 미스터리, 《한겨레21》. http://legacy.www.hani.co.kr/section-021128000/2005/12/021128000200512210590007.html

10) 연합뉴스(2006.11.06). 〈연합초대석〉 '강남' 파고든 강준만 교수. http://news.naver.com/main/read.nhn?mode=LSD&mid=sec&sid1=001&oid=001&aid=0001459166

아파트 사회학, 무엇을 어떻게 볼 것인가?

사회학이라는 프리즘을 통해 우리 시대, 우리 사회의 아파트를 본다면 어떻게, 무엇을 볼 수 있을까? 아파트는 다양한 주거 유형 가운데 하나이지만, 일단의 자산 획득의 도구이면서 '부동산 계급사회'[11] 또는 '주거 계급'[12]을 결정짓는 매개가 되기도 한다. 아파트를 보면 동시대를 살아가는 사람들의 단면이 보이고 더불어 우리 사회가 읽힐 것이라는 기대다. 아파트로 인한 사회학적 현상들을 사회학이라는 학문적 관점에서 바라보고자 하는 것이 이 책을 집필하게 된 동기다.

이런 이유다. 사람들의 아파트에 대한 심리는 개별적일 수 있겠지만, 그것이 모여 만들어지는 추동(推動)은 우리나라의 경우 충분히 '사회적 현상'일수 있다는 판단에 근거한다.

사회학(社會學, sociology)이란 인간 사회와 인간의 사회적 행위를 연구하는 학문이다. 사회학의 창시자로 알려진 프랑스의 대표적 지식인인 오귀스트 콩트(Isidore Auguste Marie François Xavier Comte)는 인간 사회도 자연세계처럼 자연과학적 방법과 동일하게 연구될 수 있다고 보고, 인간 사회를 과학적으로 탐구하는 새로운 과학의 필요성을 주장하면서 사회학을 '사회 질서와 진보의 법칙을 연구하는 학문'으로 명명하였다. 한편, 영국의 초기 사회학자인 허버트 스펜서(Herbert Spencer)는 콩트와 유사하게 과학(科學, science)으로서의 사회학을 정의하고 있는데, 특히 사회변동적 측면을 강조하여 사회학을 '개인 유기체들의 결합으로 출현한 초유 기체(사회)의 진화에 관

---

11) 손낙구(2008). 『부동산 계급사회』. 후마니타스.

12) 서정렬(2016). 『부동산 인간, 호모 프라이디오룸』. 커뮤니케이션북스.

한 과학'으로 정의하였다.[13]

콩트에 의한 인간과 사회 그리고 인간의 사회적 행위를 대상으로 하는 사회학은 에밀 뒤르켐(Émile Durkheim)에 의해 보다 학문적으로 확장된다.

프랑스의 사회학자이자 교육학자로서 콩트의 후계자로 알려진 에밀 뒤르켐은 자신의 저서 『사회학적 방법의 규칙들(The Rules of Sociological Method, 1895)』에서 사회학이 좀 더 체계적·객관적인 과학이 되기 위해서는 연구 대상을 '사회적 사실'(social fact)로 설정하여야 한다고 주장했다. 그가 사회학 연구 대상으로 설정한 사회적 사실이란 '고정된 것이든 그렇지 않은 것이든 개인에 대하여 외적 구속력을 행사하는 모든 형태의 행위 양식'을 가리킨다. 즉, 뒤르켐은 사회학을 '사회적 사실들의 발생 원인과 기능을 과학적 방법으로 연구하는 학문'으로 이해하였다.[14] 이런 때문인지 에밀 뒤드켐은 현대 사회학 발전에 지대한 영향을 끼친 인물로 평가된다.

따라서 사회학을 통한 아파트 가치의 사회적 변화 또는 진화의 내용을 살피고자 하는 접근은 유효하며, 그러한 사회적 사실들의 발생 원인을 각종 자료와 데이터들을 통해 정성적 또는 정량적인 방법을 통해 살펴보기 위한 시도는 의미 있는 방법론일 수 있다.

우리 사회, 우리 시대의 아파트는 한국인의 희노애락(喜怒哀樂)을 고스란히 담고 있으며 사회학 연구자에게 엄청난 지적 자극과 도전이 되기에 실로 손색이 없지만 아파트에 대한 기존 연구는 건축학이나 주생활과학, 도시계획학 혹은 부동산학 등 응용과학이나 실용학문 쪽에서 주로 다루어지면서 시대정신이나 사회의식에 대체로 무심

---

13) 네이버 지식백과. 학문명백과: 사회과학. "사회학", http://terms.naver.com/entry.nhn?docId=20
    73306&cid=44412&categoryId=44412

14) 네이버 지식백과. 학문명백과: 사회과학. "사회학", http://terms.naver.com/entry.nhn?docId=20
    73306&cid=44412&categoryId=44412

한 채 '비성찰적 경험적 연구(unreflective empirical study)'에 매몰되는 경향이 있다고 전상인 교수는 비판적인 견해를 견지한다.

이런 비성찰적 경험적 경향성을 배제하고 사회학적 상상력과 통찰력을 활용해 '아파트 주거의 사회학(sociology of apartment residence)' 관점에서 저술한 텍스트(text)가 전상인 교수의 『아파트에 미치다』(2009, 이숲)이다. 따라서 본서는 아파트에 대한 그리고 아파트에 의해 상호작용하는 다수의 소비자로서의 이용자들의 주거 선택과 이용이라는 측면을 다루고 있다는 점에서 유사한 접근일 수 있다.

이외에도 발레리 줄레조의 『한국의 아파트 연구』(2003, 아연출판부), 『아파트, 공화국』(2007, 후마니타스), 박철수 교수의 『아파트』(2013, 마티) 등과 같이 우리나라 아파트를 대상으로 한 관련 책자들과 시각 자체가 동일하지는 않겠지만 비슷한 범주에 속하는 저작들이라고 할 수 있다.

우리나라 아파트에 대한 사회학적 또는 인문학적 그리고 공간적 범위까지 고려하면 도시사회학적 관점에서 시도되는 본서에서는 아파트와 관련된 관심 사항 모두를 다룬다.

부동산 투자 대상으로서 아파트가 선호 이유와 배경에서부터 학문적 대상으로서 아파트와 관련된 도시·사회적 병리현상, 계급으로서의 아파트 등과 관련된 내용들이 그것이다.

참고문헌

강준만(2005.12.21). "아파트 공화국"의 미스테리. 《한겨레21》.

김현아(2002). 『강남지역 주택시장 분석』. 건설산업연구원.

네이버지식백과. 학문명백과: 사회과학. "사회학". http://terms.naver.com/entry.nh
    n?docId=2073306&cid=44412&categoryId=44412

박철수(2013). 『아파트: : 공적 냉소와 사적 정열이 지배하는 사회』. 마티.

발레리 줄레조(2004). *Seoul, ville geante, cites radieuses*. 길혜연 옮김(2004). 『한국
    의 아파트 연구』(동아시아연구총서 13). 아연출판부.

발레리 줄레조(2007). 『아파트 공화국』. 후마니타스.

서울경제(2017.09.01). [토요와치–애증의 8학군] 대치동 학원 왜 강한가. http://
    www.sedaily.com/NewsView/1OKUYDE7QL

서정렬(2016). 『부동산 인간, 호모 프라이디오룸』. 커뮤니케이션북스.

서정렬(2017). "아파트의 현재와 미래–부제: Obituary APT", 제27차 부산공간포
    럼. 부산광역시·사)부산국제건축문화제조직위원회.

서정렬(2019). 『아파트의 이해와 활용』. 커뮤니케이션북스.

손낙구(2008). 『부동산 계급사회』. 후마니타스.

장림종·박진희(2009). 『대한민국 아파트 발굴사(종암에서 힐탑까지, 1세대 아
    파트 탐사의 기록)』. 효형출판.

전상인(2009). 『아파트에 미치다 – 현대한국의 주거사회학』. 이숲.

아파트 사회학...우리의 일그러진 자화상

부산의 분양 열풍이 거세다. 서울을 제외한 지방에서 최근 가장 높은 1순위 청약률을 기록한 곳이 다름 아닌 지난달 말 분양한 바 있는 부산 금정구 소재 모 아파트 84.8㎡로 428가구 모집에 9만 968명이 청약해 212.5대 1을 기록했다. 이 아파트의 평균 청약경쟁률은 146.2대 1이었다.

2012년부터 최근까지 지난 2년간 전국 청약 1~3순위 청약경쟁률을 보면 부산지역의 분양 열기를 보다 극명하게 알 수 있다. 전국 평균 4.37대 1을 보인 상태에서 최근 호조를 보이고 있다는 서울이 5.54대 1인 반면 부산 10.43대 1을 보여 대구의 9.21대 1을 앞서고 전국 최고다. 반면, 2014년 10월 현재 전월대비 전국 아파트의 매매가격 상승률은 전국이 0.31% 상승한 상태에서 서울은 0.42%인 반면 부산은 0.24% 상승에 그쳤다. 전세가격 상승률 역시 2014년 10월 현재 전국적으로 0.53%, 서울 0.83% 상승한 반면 부산은 0.30% 상승에 그쳤다. 부산지역의 경우 아파트 매매값과 전세값 상승률 모두 전국 평균을 하회하고 있다. 수치로 보자면 부산지역은 유독 분양시장이 뜨겁다는 것을 확인 할 수 있다. 아니 과열되어 있다고 말하는 것이 적확한 표현일 듯싶다. 왜냐하면 청약자 가운데는 실수요자도 있지만 분양권에 붙은 프리미엄을 얻기 위한 투기적 수요가 훨씬 많다는 항간의 소문이 넓게 퍼졌기 때문이다.

서울에서도 값이 비싸다는 강남 압구정동 소재 모 아파트의 경비원이 분신을 시도한 끝에 끝내 사망했다. 그의 사망을 두고 고가의 아파트에 거주하는 '사모님'과 비정규직 '경비원' 간의 어긋난 사회적 관계를 얘기 한다. 그의 사망에 일부 입주민들의 비인격적 대우와 지속적인 모욕이 있었다는 지적은 그것이 사실이든 아니든, 이유야 어떻든 경비원의 죽음에 사회적 무관심과 홀대가 있었음을 짐작할 수 있다. 그의 죽음이 씁쓸한 이유다. 여전히 한쪽에서는 아파트를 분양 받기 위해 늦은 밤까지 줄을 서고, 한쪽에서는 아파트에 살면서 또는 아파트를 매개로 한 사람(집주인 등)과 사람(세입자, 경비원 등) 간의 관계에 대해 자성이 필요하다고 목소리를 높인다. 어느 것(쪽)은 문제가 있고 어느 것(쪽)은 문제가 없다는 뜻이 아니다. 서울과 부산의 아파트에 대해 언급한 사례의 다름을 두고 문제 삼자는 것이 아니다. 지역이 아니라 사람이 아니라 아파트에 대한 우리의 시각을 문제 삼자는 것이다. 아파트는 우리 사회를 보는 거울 같다. 비추면 내가, 우리가 보인다. 그런 이유로 아파트는 우리의 자화상이다. 아파트사회학인 이유다.

주거소비 '하향 필터링' 왜, 문제인가?

전세값 상승이 문제다. 해결의 실마리가 보이지 않는다. 그 시작은 역시 서울·수도권부터. 국토교통부 발표에 따르면 2월 수도권 주택 매매거래량은 3만 7502건, 서울은 1만 2990건으로 작년 같은 달과 비교하면 수도권은 4.2%, 서울은 10.4% 늘었다. 이같은 거래량은 국토부가 주택거래량 통계를 내기 시작한 2006년 이후 2월 거래량으로는 가장 많다. 거래량이 늘면 가격이 급격히 오르기 마련인데 그렇지도 않다. 거래량이 늘었다고 가격이 오르던 신화도 깨졌다. 반면에 같은 기간 지방의 주택 매매거래는 4만 1362건으로 작년 같은 달과 비교해 4.3% 줄었다.

서울·수도권의 전세값 상승 여파에 따라 지방보다는 서울·수도권의 거래가 2014년 이후 지속적으로 증가 추세에 있다. 전세값은 오르는데 전세물건은 부족하다 보니 소비자 입장에서는 자녀 학교 문제 등으로 현재 살고 있는 지역에서 아파트 아닌 다른 대체 상품을 찾기 시작했고 전세값 상승이 예견되는 상황에서 매매를 결심하기에 이르는데 그것이 바로 연립, 다세대 주택이다. 한국감정원에 따르면 지난해 실거래 신고한 자료를 분석한 결과, 연립과 다세대 주택의 매매 증가 추세가 뚜렷한 것으로 나타났다. 서울에선 중소형 아파트 거래가 29% 늘어나는 사이, 연립은 50%가 증가했고 경기도에서는 중형 아파트 거래가 20% 증가하는 동안 다세대 주택은 31% 이상 늘어났다.

바로 주거소비의 하향 필터링(filtering, 여과)나타나고 있는 것이다. 전세가격 상승이 전세물건 부족과 맞물리면서 아예 매매로 돌리게 됐고 같은 지역, 같은 가격으로는 아파트 매매가 어려우니 자연스럽게 대체 상품의 구매로 이어진 탓이다. 현실적인 선택일 수 있지만, 주거소비로서의 '하향 필터링'이 문제되는 것은 주택수요의 양극화가 심화 된다는 것이고 상향 필터링을 통한 선순환이 아니라는 점에 문제의 심각성이 있다. 서울·수도권 발 '하향 필터링'의 전국적 확산을 막아야 한다. 이런 탓일까. 정부는 12일 한국은행 기준금리를 현재의 2.00%에서 역대 최저 수준인 1.75% 수준으로 다시 낮췄다. 물가도 떨어지면서 소비도 위축되는 디플레가 우려되는 경제 상황 속에서 다세대, 연립주택의 매매 증가를 단순한 소비자의 선택의 문제로 보기에는 한계가 있어 보인다. 주거 소비 차원에서 주택가격, 주택규모를 줄이는 자발적인 다운사이징(downsizing)이 아니라, 여건 변화에 따라 원하지 않는 낮은 주거의 질을 선택한다는 점에서 이에 대한 정부의 정확한 문제 파악과 바람직한 대책이 요구된다. '주거의 질'은 '삶의 질'과 같은 동의어이기 때문이다.

분양권전매제한이 필요한 이유

정부의 판단은 옳다. 국내 가계(家計) 부채 총액이 1257조를 넘어 1300조를 넘보고 있다. 여기에 20년 만에 최대 규모라는 70만 호의 주택이 이미 착공 됐다. 주거용으로 사용되는 오피스텔까지 감안하면 90만 호 정도의 주택이 이미 시장에 존재한다. 정부는 판단했다. 주택시장의 공급 물량도 많다고 할 만큼 충분하고 가계부채 부담이 증대되고 있는 만큼 이제는 시장에 분명한 신호를 주어야 할 때다. 이에 정부는 이러한 상황을 고려해 다소 늦었지만 '8.25 가계부채대책'을 발표했다. 대책의 요지는 이랬다. 현재의 공급과잉 우려와 가계 부채 증가를 불식시키기 위해 택지공급을 제한하겠다는 것이었다. 정부의 판단대로 라면 이번 대책에 따라 시장은 어느 정도 안정되어야 한다. 정확히는 서울 강남의 일부 과열된 시장이 다소 진정되고 이를 기점으로 전체 시장이 안정 모드로 전환되었어야 한다. 그런데 시장은 정부의 판단을 비웃기라도 하는 듯 의도와는 반대로 움직이고 있다. 대책 발표 이후 분양시장은 청약을 받기 위해 더 긴 줄을 서고 있고 일부 지역의 일부 시장은 분양시장 뿐만 아니라 기존 매매시장의 호가가 지속적으로 상승하고 있다. 한마디로 진정 기미보다는 시장이 다시 불붙는 양상으로 치닫고 있다. 시장 현장에서 '기다려보자' 보다는 '이번이 사야할 마지막 기회'라고 느끼는 소비자들의 부동산 심리는 더 가파르다.

우려는 현실이 됐다. 갈 곳 없는 부동자금이 지속적으로 부동산 시장에 몰리면서 작금의 기현상들을 양산하고 있다. 정부는 이번 8.25 대책으로 부동산시장이 가야할 곳, 방향을 가리키고 있는데 시장은 손가락 끝을 보고 있는 형국이다. 어떤 이유에서 일까? 무슨 이유로 시장은 정부의 의도와는 달리 반대로 움직이고 있는 것일까? 왜, 소비자들은 정부의 공급과잉에 대한 신호를 앞으로 공급이 줄어드니 가격이 오를 것이니 더 늦지 않게 지금이라도 사야한다는 위기감으로 받아들인 것일까? 이런 조바심이 개인별 대출한도 규제 등의 직접적인 규제에도 불구하고 특정 지역, 특정 상품으로의 쏠림 현상을 부추기고 있다. 일부 작전세력 및 소비자들의 이러한 쏠림 현상이 보다 많은 일반 소비자들을 신규 분양시장으로 불러 모아 잘못된 선택을 강요하고 있다. 업체들은 언제 조정될지 모르는 시장의 불안감 속에서 밀어내기 분양을 지속하고 있다. 문제의 핵심이 여기에 있다. 이유는 간단하다. 저금리다. 장기간의 저금리 기조 속에서 돈이 갈 곳은 부동산 밖에 없다고 판단한 것이다.

이유를 시장에서 찾을 수 있다. 국토교통부에 따르면 올해 상반기 주택 거래량은 총 73만 1603건으로, 이 중 28.3%인 20만 6890건이 분양권 거래였다고 밝혔다. 이것은 주택거래량이 사상 최대를 기록했던 작년 상반기의 24.5%보다 3.8%포인트 상승한 수치이다. 작년보다 주택거래량은 감소했음에도 분양권 거래 비율이 늘어난 것은 무엇을 의미할까? 한 부동산정보업체의 설문조사에서 응답자의 37.9%가 분양권을 되팔아 차익을 남기기 위한 투자 목적으로 청약에 나선다고 답한 것은 시사하는 바 크다. 많은 사람들이 청약의 목적이 내 집 마련이기 보다는 분양권 거래를 통한 전매 차익에 있음을 의미하는 것이기 때문이다. 현재와 같은 저금리 상황에서 청약 당첨으로 웬만한 사람 연봉 수준의 프리미엄을 웃돈으로 합법적으로 받을 수 있는데 이러한 유혹을 뿌리칠 사람이 어디에 있을까?

현재 시장은 실수요보다는 분양권 전매로서의 투기적 수요가 시장 분위기를 좌지우지하고 있다. 분양시장의 호조에 따라 일부 청약통장을 매집해 작업을 통해 분양권 프리미엄을 만들고 있는 작전세력도 들끓고 있다. 이들이 만드는 견본주택 주변 '묻지마 청약' 분위기에 일부 분양권 전매를 목적으로 하는 투기적 수요가 가세한 것이 현재 뜨는 시장의 공통점이다. 더 이상 분양권전매제한 도입을 미룰 이유가 없다. 이것은 규제가 아니라 시장을 정상화시키기 위해서라도 실시해야 한다. 왜곡되고 있는 현재의 시장 상황을 감안할 때 더 이상 나쁘게 만들지 못할 그나마 유일한 수단이 분양권전매제한이다.

왜 현재의 시장에 분양권전매제한이 그나마 유효한 수단일 수 있을까? 정부는 올 초부터 가계부채 급증을 막기 위해 부동산 시장에 각종 겹규제들을 내놨다. 지난 2월 여신심사 선진화방안(수도권), 7월 중도금 대출 규제, 서울주택도시보증공사(HUG)의 분양보증심사 강화 등이 그것이다. 여기에 지난달 25일에는 공급조절을 골자로 하는 8.25 가계부채 관리방안을 내놨고, 집단대출 심사도 강화한다. 저금리 기조는 이런 규제를 뚫고 분양권 전매라는 합법적인 거래를 통해 시장을 왜곡시키고 있다. 그 거래의 사이클을 끊어 실수요자가 아닌 사람들의 투기적 수요를 잡을 수 있는 수단이 바로 분양권전매제한이기 때문이다.

미국의 금리 인상이 임박했다고 하는데 아직 미정이다. 미국의 금리 인상은 우리나라의 금리에도 영향을 미친다. 금리 인상은 주택 소비자들에게 이자 부담이라는 점에서 효과적일 수 있다. 답은 시장에 있다. 미국의 금리 인상 전 현재의 묻지마 청약을 통한 투기적 수요를 막고 시장을 정상화시키기 위해서라도 이번만큼은 정부도 분양권 전매제한 카드를 선택하는 것이 맞다. 부동산은 심리다. 시장을 왜곡시키는 부정적인 한탕주의로서의 투기 심리를 잡아야 한다. 부동산은 타이밍이다. 시장에 정확한 시그널을 다시 주어야 한다. 분양권전매제한을 그 신호탄으로 써야 하는 이유다.

주택 · 부동산투자와 욜로(YOLO) 라이프

스무살 젊은 세대는 집사기를 포기했다. 연애, 결혼, 출산을 포기해 3포세대인데 여기에 '집을 사는 것'과 '인간관계'를 포기해 5포세대가 되었다. 인생에 있어 가장 중차대한 일이라고 할 수 있는 '집을 사는 것'을 포기한 대신 외제차를 산다. 나이 지긋한 분들은 이런 선택에 대해 철없다 얘기들 하시겠지만 동시대 젊은 세대들에게는 이러한 선택이 전혀 새롭거나 놀라운 선택이 아니다. 이들은 이미 '욜로(YOLO)'세대들이기 때문이다.

욜로(YOLO,You Only Live Once)는 '현재 자신의 행복을 가장 중시하고 소비하는 태도'를 말한다. 즉 자신만의 행복을 위한, 자신을 위한 소비를 의미한다. 얼핏 '개인주의적 경향의 끝'처럼 느껴지지만, 그만큼 자신의 삶을 의미 있게 만들고 싶어 하는 젊은 세대들의 심리이자 사회적 트렌드다. 그런데 욜로가 젊은이들만이 향유하는 라이프스타일이 아니다. 기성세대들도 '자기주도적 삶 찾기', '자기주도적 인생 즐기기'경향이 늘고 있다. 아이들 다 키워놓고 자기 인생 즐기기에는 늦다는 판단과 열심히만 살아온 자신에 대한 보상 차원의 선택을 하는 기성세대들 또한 늘고 있다.

자기주도적 삶과 인생을 살아가기 위해서는 '돈'이 필요한데 월급 등으로는 한계가 있고 가욋돈으로서의 여윳돈이 필요하다. 여윳돈 마련의 가장 현실적인 선택이 주택 또는 부동산투자다. 베이비부머를 비롯한 기성세대들은 주택이나 부동산 투자를 통해 집을 늘려 왔고 가장 확실하면서 잘 할 수 있는 투자라고들 경험적으로 자부하기 때문이다. 그런 이유로 향후 수익형부동산에 대한 투자관심은 높을 수밖에 없다. 그리고 이러한 투자 성향에 부합하는 부동산상품개발이 다품종 소량생산의 형태로 진화해갈 것임은 주지의 사실이다.

여전히 기존 역세권에 스벅권(스타벅스권), 맥세권(맥도널드권), 숲세권(소공원세력권) 등의 트리플 세력권주변 소형 아파트와 서비스드 레지던스형태를 포함한 소형 주거용 오피스텔, 상가, 블록형 단독주택지 등의 상가형 주택 등이 우선 관심대상일 수밖에 없다. 여기에 코하우징 또는 셰어(공유)하우스 형태의 새로운 주거 유형이 협동조합등의 다양한 사회적 경제주체를 통한 개발을 통해 주거시장에 이미 소개되고 있으며, 보다 활성화 될 것으로 보인다. 자기 삶과 인생을 주도적으로 즐기기 위한 '욜로 라이프(YOLO life)'의 선택 자체가 보다 다양한 주택개발과 보편적 주거의 형태에 변화를 줄 가능성이 크다. 바람직한 현상이다. 바야흐로 자기의 삶과 인생에 맞는 '자기주도적 주택투자' 시대다.

지불가능한 어포더블 하우징 정책

주택은 주택을 필요로 하는 모든 소비자의 경제적 여건과 필요에 따라 고를 수 없는 고가의 비싼 상품이다. 경제적 여력에 따라 고른 상품이 청약경쟁으로 당첨되지 않거나 내가 필요로 하는 위치에 공급되지 않을 수도 있으며 경우에 따라서는 마음에는 들지 않지만 가격에 맞춰 차선의 선택을 할 수 밖에 없다. 수요자의 경제적 여건과 필요에 따라 부담 가능하며, 지불 가능하고 그래서 살고 싶은 주택에 거주할 수 있다면 이보다 좋을 수 없다. 그런데 그렇게 할 수 있는 방법이 있다. 수요자의 필요에 기반 한 주택을 공공에서 공급하면 된다. 이렇게만 될 수 있다면 수요자로서는 수요와 공급과 간극을 최대한 줄여 자신이 원하는 주택에 거주할 수 있기 때문이다.

공공이 중심이 되어 수요자의 경제적 여건에 맞춰 공급하는 주택을 일컬어 '어포더블 하우징(affordable housing)'이라고 한다. 다른 용어로는 '사회주택' 또는 '저렴주택'이라고 통칭하는 공공임대주택이 그것이다. 부산시의 공공임대주택비중은 4.4%(2013년 기준) 수준이다. 우리나라 평균인 5.4%와 비교해도 낮으며 OECD 평균인 8.1%대와 비교해서는 절반 수준이다. 그만큼 임대주택의 공급 확대를 통해 재고 주택 비중을 높일 필요가 있으며 뿐만 아니라 계층별 임대수요를 충족시킬 수 있는 보다 다양한 형태의 임대주택 공급이 모색될 필요가 있음을 의미한다.

보다 다양한 형태의 임대주택 공급과 관련해 주목할 만한 것이 바로 기업형 임대주택인 '뉴스테이'이다. 부산시는 이를 부산형 뉴스테이 정책으로 추진코자 하고 있다. 별도로 부산형을 붙인 것은 다른 도시에 공급되는 기존 뉴스테이와는 다른 부산의 특성에 부합하는 특색 있는 임대주택이 될 수 있도록 하겠다는 의지의 표명이다. 부산형 뉴스테이 공급을 위해서 다음과 같은 내용이 충족되어야 한다. 첫째, 중산층 대상의 기업형 임대주택이라는 이유로 공공성 보다는 사업성이 우선시 되어서는 안 된다. 사업성이 우선된다면 사회주택(social housing)으로서의 임대주택이 아니다. 확보되어야 할 공공성은 양호한 주거환경이 될 수 있도록 학교, 기타 편의시설로서의 공공시설 들이 적절히 고려되어 개발되어야 한다. 둘째, 부산형이라는 이름을 붙이는 만큼 부산시의 특성을 최대한 고려해 한다. 다른 도시처럼 개발제한구역을 해제해 자연환경을 훼손해서도 안되며 출퇴근하기도 어려운 입지가 아닌 도심이나 산업단지 인근에 위치해 직주근접 할 수 있고 지역 거점을 활성화하는데 보탬 되는 주거형태로 공급될 필요가 있다.

'꽃분이네', 부동산 아닌 '문화'

영화 '국제시장'은 부산을 위한 영화라고 해도 과언이 아니다. 영화 속 '꽃분이네'가 1,000만 관객 동원과 함께 유명해지면서 하루 8만~10만 명의 관광객들이 국제시장을 찾는다고 한다. 사람들이 너무 많이 찾아서 일까. '꽃분이네'가 문을 닫을 뻔했다가 부산시의 중재로 무마되는 해프닝이 벌어졌다. 직접적인 이유는 사람들이 많이 찾는 만큼의 '가치'가 올랐다는 것이고 그 가치만큼 임대료를 높여야겠다는 임대인의 의지가 반영된 탓이다. 언론에 소개된 실상은 이렇다. 8.26m² 규모의 작은 가게 터에서 양말, 허리띠, 손수건 등의 잡화를 팔고 있는 임차인 모 씨는 2013년 3월 별도의 권리금 없이 보증금

500만 원, 월 임차료 180만 원을 내고 장사를 시작했다. 임차 형태는 원래 주인이 아닌 임차인에게서 다시 가게를 빌려 영업하는 '전전세' 방식이었다. 그런데 3월로 예정된 재계약 때 5000만 원 상당의 권리금을 임대인이 현 임차인에게 요구한 것이 발단이 됐다. 영화의 흥행으로 '꽃분이네'를 배경으로 인증사진을 찍는 '장소'로 유명해진 것은 맞지만 실제 매출에는 크게 도움이 되지 않는 탓에 임차인 입장에서는 고가의 권리금 요구는 받아들이기 쉽지 않았을 듯 싶다.

상인회 등을 통한 자체적인 해결을 기대 했던 부산시로서는 '꽃분이네' 문제가 미치는 제반 사회적 · 국민적 분위기 등을 감안하고 부산의 도시브랜드 제고에도 결코 도움이 안 된다는 판단 하에 적극적인 중재에 나서게 됐고 그나마 사태는 일단락되었다. 문제는 수면 아래로 가라앉았지만 이를 통해 몇 가지 교훈을 얻을 필요가 있다. 단순히 '꽃분이네'만의 문제가 아니기 때문이다.

첫째, 상가 소유에 대한 재산권을 제약할 수 있다는 측면에서 한계는 있지만, '꽃분이네'의 유명세로 인한 권리금 상승은 주변 상가에도 미치며 이러한 도미노 현상은 오히려 국제시장이라는 전통시장 상권의 쇠락을 가속화시킬 수 있다. 그러한 부정적인 변화를 서울의 가로수길, 청와대 옆 서촌 등 소위 '도시걷기'로서의 보행을 통해 유명해진 골목 상권의 변화를 통해 확인할 수 있다. 권리금의 상승은 영세 상인들을 퇴출 시켜 기존 골목 분위기를 저해하는 요인으로 작용한다는 점이다. 둘째, 도시재생 차원에서 주목받고 있는 '이바구길'과 더불어 '꽃분이네'와 용두산공원으로 이어지는 관광루트를 계획 중인 부산시 차원에서 권리금 상승으로 인한 장소의 상실은 근대문화유산을 통한 원도심 재생 차원에서도 바람직하지 않다. 스토리가

아파트 사회학

있는 또 다른 '꽃분이네'를 찾아야 한다. '꽃분이네'를 단순한 수익형 부동산이 아닌 지켜야할 '문화'로 읽어야 하는 이유가 여기에 있다.

'골목'의 문화력(文化力)과 부동산 가치

부산 골목이 뜨고 있다. 2015년 우리나라 10대 소비 트렌드 가운데 '숨은 골목 찾기(Playing in hidden alleys)'가 있어서 일까? 홍대 앞부터 시작된 골목이 요즘 전국적으로 대세다. 지역 곳곳의 골목이 '핫플레이스(Hot Place)'로 떠오르고 있다. 뜨는 곳은 대부분 단독 또는 저층 상가와 주거를 겸한 주택들이 있는 골목들이다. 영화 '국제시장'으로 유명해진 부산의 '꽃분이네'와 산복도로의 '이바구길' 역시 골목과 같은 미로를 지나가야 나온다.

그렇다고 아무 골목이나 좋아하는 것은 아니다. 첫째, 지하철과 같은 대중교통으로의 접근성이 좋다. 둘째, 원도심의 뒷골목 또는 볼거리가 인접한 지역 중심의 이면이다. 사람들로부터의 시선이 한 켠 뒤로 물러선 곳이다. 따라서 도심공동화와 함께 부동산 가치도 떨어졌던 곳이다. 재화는 재화인데 사람들이 찾지 않아 돈도 안 되고 개발도 안 되는 그야말로 '애물단지'였던 셈이다. 그런데 지금은 아니다. 골목에 열광 할수록 부동산 가치도 올랐다. 올라도 너무 많이 올랐다. 작게는 이전에 비해 3배 이상 오른 곳도 있다. 그런데도 사람들의 보행 동선이 연결되는 곳은 '물건(物件)'이 딸린다. 사정이 이렇다보니 부르는 게 '값'일 정도다.

골목의 사전적 의미는 '큰길에서 들어가 동네 안을 이리저리 통하는 좁은 길'을 뜻한다. 그러나 여기에 그 골목이 기억하는 근대역사와 그 곳을 스쳐간 사람들이 만들어내는 스토리텔링이 엮어지면 그 곳은 그야말로 '오래된 미래'로서의 가치가 있는 골목이 된다. 부산 골목이 그렇다. 우리나라 근대 역사에 있어 부산만이 기억하는 그런 '골목'이 많다. 유일하게 6.25 전쟁을 치르면서 남은 우리 국민들의 아픈 역사가 오롯이 골목에 새겨져 있다. 부산의 골목이 갖고 있는 '문화력(文化力)'인 셈이다. 그래서 제안하고자 한다. 충분한 주차장을 갖춘 보행자 전용 상점가로서의 '몰(Mall)'처럼 대형 자본에 의한, 대형 자본을 위한 'Mall(몰)'이 아니라, 소자본 창업에 의한 다양한 아이템의 상점들로 가득한 골목에서의 몰링(malling), 즉 '골목'과 몰(Mall)의 합성어로서의 '골몰(골 Mall)'을 통해 도시걷기로서의 보행이 유발되고 이로 인해 상권이 살아나 원도심이 활성화되었으면 싶다. 그동안 홀대 받았던 도심 단독주택의 다양한 변신을 통한 경쟁력 있는 문화 콘텐츠의 탄생을 기대해 본다. 어쩌면 이것이야말로 트렌드를 넘어 생태적으로 지속가능한 원도심 재생의 바람직한 방향일 수도 있기 때문이다.

이우환 공간과 문화적 부동산 콘텐츠 활용

부산은 갖고 있는가? 뜬금없이 묻고 답한다. '갖고 있다'. 휴가철이다. 이번 주 가장 많은 사람들이 국내외로 무더위를 피하는 피서 여행을 떠날 예정이란다. 대부분 휴양지가 있는 곳으로 떠난다. 또는 해외의 도시로 떠나는 사람들도 있다. 휴식을 겸한 패키지 형태의 관광이 대부분이다. 그런데 일부는 전문가가 아님에도 특정 국가, 특정 도시의 건축물과 그 주변의 맥락을 살피는 여행을 하기 도 한다. 파리의 에펠탑, 시드니의 오페라 하우스까지는 아니어도 이미 세계적으로 유명한 랜드마크이기 때문에 특정 도시로의 여행이지만 각종 정보를 검색해 그 주변을 찾아 방문해 보는 것이다.

그런 도시, 그런 건축물 가운데 덴마크에서 안데르센의 인어상 만큼이나 인기 있는 핫플레이스가 코펜하겐 오페라하우스다. 이곳은 머스크라는 세계적인 해운운송업체가 코펜하겐시에 무상으로 기증한 것으로도 유명하지만 얼마 전 옥상에서 세계적인 다이빙 대회가 열려 또 다시 세계적인 유명세를 탔다. 인근에 위치한 왕립 국립극장은 입구 앞에서 바로 바다를 바라보는 조망에 한번 놀라고 그 앞 컨테이너 박스를 개조한 곳에서 셰프들의 음식을 즐기는 파격에 다시 한 번 놀란다. 건물 옆 사이드워크를 통해 덴마크의 상징인 다채로운 파스텔톤 건물로 유명한 뉘하운거리가 나온다. 개별적이지 않고 실제 생활 공간과 조화롭게 어울린다. 좋은 햇빛 맞으며 보행자에게 피해를 주지 않는 범위 내에서 식당 앞의 야외에서 식사와 커피 등을 즐기는 그들의 테라스 영업이 우리에게는 왜 불법이며 그러한 합리적인 개선이 이루어지지 않는지 부러울 따름이다.

세계적으로 유명한 좋은 건축, 건축물은 공간을 만들고 그러한 건물과 공간이 어우러진 곳은 문화로 채워져 있다. 개별 건물뿐 아니라 주변 건물과 건물사이의 골목이 공간을 만들고 그러한 공간에 어울리는 다채로운 도시경관(urban landscape)은 그 자체로 문화다. 바로 문화적 부동산 콘텐츠라도 해도 과언이 아니며 그러한 문화적 콘텐츠가 그 도시의 경쟁력을 좌우한다. 덴마크의 코펜하겐 뉘하운 일대가 그런 곳이다.

부산도 있다. 부산 분들이 센텀에 이우환 공간(Space Lee Ufan)이 있다는 걸알까. 작품 위조 논란과는 상관없이 현존 화가 중 세계에서 43번째로 높은 금액을 받는 작가다. 부산에서 소년기를 보냈던 인연으로 이우환공간이 부산에 있게 된 것은 어쩌면 부산으로서는 큰 행운이다. 이우환 공간 옆에 부산시립미술관이 있고 영화의 전당이 있다. 개별 건축물이지만 이미 이정도면 세계적으로도 충분하고 훌륭한 문화적 공간이다. 그 문화적 콘텐츠를 어떻게 활용할 것인가는 부산시의 몫이다.

'오래된 미래'의 가치, '이바구길'

'오래된 미래'는 논리적으로 성립되지 않는다. 오지도 않은 '미래'가 오래되었다는 것 자체가 말이 되지 않기 때문이다. 그러나 오래되었지만 앞으로의 미래에도 의미가 있는 '것'이라면 얘기가 달라진다. 오래되었지만 그만큼 미래에도 '가치'가 있다는 뜻으로 이해될 수 있기 때문이다. 부산에 이렇게 '오래된 미래'가 있다. 그 가운데 하나가 '이바구길'이다. '이바구'는 경상도 사투리로 '이야기'를 뜻한다. 그야말로 '이야기 길'이 열린지 지난 3월 6일로 1주년을 맞았다.

이바구길은 부산역 맞은편에서부터 시작된다. 백제병원(남선창고 옛터)~담장갤러리~초량초교, 초량교회~동구 인물사 담장~이바구충전소~168계단~김민부전망대~이바구공작소~장기려 더나눔센터~유치환의 우체통~게스트하우스 까꼬막~마을카페(천지빼가리)로 이어진다. 길이 열리기 전과 후, 어떤 변화가 있었을까? 부산시 동구청에 따르면 1년 동안 10만 여명의 방문객이 다녀갔고 이로 인한 경제적 파급효과는 약 20억에 달하는 것으로 나타났다. 공식적이지는 않지만 길이 조성된 이후 인근 토지 등 부동산 가격이 두 배 이상 상승 했다. 총연장 1.5㎞ 밖에 안되는 짧은 길이 보여준 성과치고는 크다고 할 수 있다. 더욱 고무적인 것은 앞으로 보여줄 성과에 대한 기대가 더 크다는 점이다.

이바구길은 부산의 구 도심에 위치한다. 따라서 젊은 사람들이 상대적으로 적다. 2013년 통계청에서 발표한 '고령자 통계'에 따르면 우리나라 전체 인구 가운데 65세 이상 인구비중인 고령자는 전체 인구대비 12.2% 수준이다. 부산은 13.2%로 전국 평균뿐만 아니라 전국 6대 도시 중에서도 가장 높은 것으로 나타났다. 부산 가운데에서도 고령자 비율이 가장 높은 곳이 바로 이바구길이 위치한 동구 등의 원도심이다. 부산시는 이바구길 1주년을 맞으며 '2014년 융·복합 노인 일자리사업'의 일환으로 이바구길에 이 지역의 역사성을 살린 먹거리 사업으로서 '6.25 막걸리집'과 '168 도시락·국집', 그리고 이바구길을 찾는 탐방객과 공방체험자를 위한 숙소제공 및 안내사업을 위한 '이바구충전소'등 3개 시설을 포함시켰다. 고령자 비율이 높은 지역 특성을 살려 이들 시설에 현지 노인분들이 참여할 수 있도록 했다. 노인일자리사업과 이바구길을 연계시킨 셈이다.

이번에 이바구길이 포함된 초량일대를 포괄하는 '창조경제 플랫폼' 사업이 도시재생 선도사업으로 선정됐다. 이로써 이바구길이 위치한 초량동 일대가 북항재개발사업과 부산역 그리고 차이나타운과 연계됨에 따라 향후 '초량 이바구길'은 더욱 활성화 될 기반이 갖춰졌다고 할 수 있다. 오래된 미래로서의 근현대사와 관련된 인물, 장소, 건물 등이 부산의 새로운 문화적 콘텐츠가 될 수 있음을 보여준 수범 사례라는 점에서 제2, 3의 이바구길이 열리기를 기대한다.

문화콘텐츠 영도다리, 집값 올릴까?

영도다리가 47년 만에 도개를 시작했다. 매일 낮 12시에 15분간 다리를 들어 올리는 도개행사를 보기 위해 많은 사람들이 몰린다. 영도다리(대교)의 도개는 부산의 대표적인 근대문화유산의 복원이라는 점에 유의가 있다. 그 뿐 아니다. 부산의 또 다른 대표적인 문화 콘텐츠의 재탄생이라는 점에서 시사하는 바가 크다. 영도대교의 개통이 주변 부동산 시장에도 영향을 끼칠 수 있다면 그게 사실일까? 영도대교의 개통이 원도심의 도시 경쟁력 제고 뿐 아니라 인근 지역의 집값 상승 등 부동산 시장에 긍정적인 영향을 미칠 수 있다면 믿을까? 대규모 기업 자본의 유입으로 비판받고 있지만 서울의 '가로수길'이 뜨자 임대료가 상대적으로 낮은 '세로수길'이 다시 열렸다. 홍익대 앞을 일컫는 '홍대 앞'은 그 자체로 우리나라의 문화 생태계를 대표한다. 이로 인해 주변 다세대 주택에 대한 투자도 늘었다.

영국 런던에 2000년을 맞으며 새롭게 조성된 보행자전용다리인 밀레니엄브리지는 영국에서 땅값이 가장 비싼 곳 가운데 한 곳과 가장 싼 곳을 연결시켜 가장 싼 곳의 땅 값을 가장 비싸게 바꿔 놓았다. 화력발전소와 같은 님비(Nimby, Not In My Backyard) 시설이 설치되었던 가장 싼 곳, 버려진 땅이었던 런던에서도 가장 대표적인 낙후지역이었던 서더크. 다리가 놓이고 사람들이 다리를 통해 '걷기' 시작하자 모든 것이 바뀌었다. 기존의 화력발전소는 외형을 그대로 유지한 채 새롭게 리모델링해 세계 3대 미술관으로 변모했다. 이곳에 지난해

530만 명이 다녀갔다. 세인트 폴 대성당과 테이트모던 미술관을 잇는 밀레니엄 브리지로 인해 런던에서 가장 가난했던 서더크 지구를 런던의 문화 중심지로 만드는데 일조 했다. 뿐만 아니라 지역개발을 증폭시키는 계기로 작용하고 있다. 문화콘텐츠 하나가 지역을 살릴 수 있다는 대표적인 수범 사례가 됐다.

이미 부산은 근대문화유산을 통해 다수의 문화콘텐츠를 갖고 있다. 올 한해만 벌써 22만 명이 다녀간 대표적 지역 희망 프로젝트로 손 꼽히는 '감천동 문화마을'과 산복도로 르네상스의 일환으로 추진되고 있는 '이바구길'이 대표적이다. '걷기'로서의 '길'이 열리고 사람들이 모이고 당해 지역이 살면서 부산시의 도시경쟁력까지 높아지고 있다. 여기에 영도대교가 추가된 셈이다. 영도대교의 개통으로 인해 부산관광 팸투어가 80건으로 증가했다. 해외 관광객이 늘고 있다는 것이 더욱 고무적이다. 1박2일의 체류형 관광을 유도하고 야간 도개도 생각할 필요가 있다. 영도대교를 부산의 대표적인 문화 콘텐츠로 개발하는 것은 이제부터가 시작이다.

뉴스테이[15] 사업의 의미와 필요성

2014년 공급된 전국 6만2818가구의 공공임대주택 물량 가운데 부산시 비중은 1.9%인 1182가구에 불과했다. 17개 도시 중 14위다. 전체주택 가운데 부산시의 공공임대주택 비중은 4.36%(2013년)로 전국 7대 도시 중 6위다. 가장 높은 비율을 보인 광주(9.8%)보다는

---

15) 박근혜정부 때 시작한 '뉴스테이' 사업은 문재인 정부들어서 '공공지원민간임대주택'으로 이름을 바꿔 공급되고 있다.

5.44%포인트 낮고, OECD(경제협력개발기구) 평균인 11.5%에 비해서는 절반 이하 수준이다. 최근 수백 대 일의 청약경쟁률을 보이며 작게는 수천만원 크게는 억대의 분양권 프리미엄이 붙어 전국 최고의 아파트 흥행을 보이고 있다는 부산의 민낯이기도 하다. 저렴주택인 사회적주택으로서의 공공임대주택 공급에는 무관심한 것 아니냐는 비판은 그래서 쓰다.

이에 부산시가 나섰다. 부산시는 '2022 주택종합계획'에서 공공임대주택 비중을 현재 4%대에서 10%로 높여야 한다고 제안했다. 부산시는 2022년까지 중산층과 청년층, 서민들에게 안정적인 주거 환경을 제공하기 위해 공공임대주택 7만 3000호를 공급한다는 목표를 세웠다. 그 가운데에는 뉴스테이 사업을 통해 공공임대 주택 2만 가구를 공급하는 방안도 포함되어 있다. 뉴스테이 사업의 경우 다른 지자체와는 달리 부산만의, 부산식의 공급계획을 세우고 추진 중인데 문제가 생겼다. 기업형 민간임대주택으로 8년 후 분양 전환할 수도 있는 중산층 대상의 이 사업의 사업공고에 많은 업체들이 몰리면서 특혜시비에 휩싸였다. 그런데, 그런 관심은 현재 제안 업체들이 발을 빼면서 시중의 특혜시비와는 반대로 부산시의 계획물량인 2만 세대 공급도 어려운 상황이다.

당초 지구지정에 있어 자연녹지를 2종 일반주거지로 용도를 상향(업-죠닝, up-zoning)해 주고 건폐율과 용적률을 높여 주는 등의 특혜성시비가 사업용지의 30%를 공공기여 방식으로 개발 이익 일부를 환수하고 다른 시도의 뉴스테이 공급 기준에는 없는 부산만의 '주택임대 가격 주변 시세 80% 제한' 기준 등이 기업 입장에서는 초기 투자자본 회수를 어렵게 해 사업성을 현격하게 떨어뜨렸다는 것이 업체가 발을 빼는 이유다. 업체의 채산성 확보를 위해 현재의 기준을 완화한다면 그것이야말로 특혜다. 부산시의 현행 기준을 지키면서 사업 참여 업체를 재공모하는 것도 방법일 수 있고 지역의 장기적인 개발 관련 청사진을 통해 8년 후 분양전환 시점의 사업에 대한 불확실성을 제거 하는 등 부산시의 정책적 모색이 요구된다. 뉴스테이 등 공공임대주택 재고의 확대는 주거복지의 향상이라는 측면에서 필히 달성해야 할 주택 거버넌스의 일환이다.

브렉시트와 주택시장의 함의

브렉시트(Brexit, 영국의 유럽연합 탈퇴)에 따른 파장이 연일 세계 탑(top) 뉴스를 장식하고 있다. 우리나라 역시 브렉시트로부터 자유롭지 못하다. 세계 경제 시장의 불확실성이 높아진 만큼 각국의 이해득실에 따라 그 충격파는 다를 것으로 보인다. 그런데 브렉시트를 선택한 영국에서 브렉시트 철회가 다시 논의되고 있다고 한다. 유럽연합 탈퇴 결정보다 탈퇴에 따른 결과에 대한 부정적 우려가 커지고 있는 형국이다. 브렉시트 자체가 그만큼 신중하지 못한 결정이었으며, 그만큼 정치적인 결정이었다는 반증이다. 다만, 브렉시트를 결정한 영국 국민투표 결과를 통해 현재 영국 주택시장의 분위기를 읽을 수 있고, 이러한 결정 이면에 런던 주택시장에 대한 국민 대다수의 상대적 박탈감이 작용했다는 점에서 우리나라 주택시장관련해서 중요한 시사점을 제공한다.

우리가 런던이라고 부르는 곳의 올바른 표현은 '더 시티 오브 런던(The City of London)'이다. 영국에서는 오히려 '더 시티'로 통한다. 도시계획사적으로도 '도시(urban)'가 탄생한 곳이기도 하거니와 영국 런던 중앙부 구시가지 금융 중심지이다. 영국이 세계적인 금융 도시라고 할 때 공간적으로 바로 '더 시티'가 여기에 해당한다. 그만큼 부동산 가격도 높다. 우리나라 원룸에 해당하는 스튜디오 플랫도 월 200~300만 원 수준이다 보니 영국 사람들에게 런던은 우리나라의 '강남' 이상인 셈이다. 신자유주의 세계화에 대한 다수 대중의 불만이 표출된 것이란 해석이 가능한 이유다. 브렉시트에 따라 런던의 집값이 10% 가량 하락할 것으로 전망된다. 이번 기회에 런던의 비싼 집, 좋은 학교에 내 자식을 보내고 싶은 대중적 열망이 표현된 셈이기도 하다. 그러나 브렉시트에 따른 파운드의 하락이 부동산 가격의 하락으로 이어질 지는 미지수다. 대기 수요자가 너무 많다는 것이다. 여전히 런던으로 입성해 살고 싶어 하는 수요자가 공급보다 많다는 데 문제가 있다. 브렉시트를 통해 의사는 표현했지만 부동산 시장의 방향을 바꾸지는 못할 듯 싶다.

세계경제의 불확실성이 여전한 가운데 조선·해양산업 부문의 구조조정을 앞두고 있는 부산·경남의 경제 여건을 감안할 때 분양시장의 나홀로 호황은 상식적이지 않다. 저금리 기조의 과수요가 만든 일종의 거품이다. 그 피해는 지역 실수요자에게 전가된다는 점에서 이번 집단대출에 대한 정부 규제가 부동산 경기를 냉각시킬 것이라는 평가는 설득력이 없다. 부산은 런던이 아니다.

주택매매거래 100만 건, 시장의 의미

작년 한 해 동안 거래됐던 주택거래량을 올해는 10월 현재 초과했다. 국토부가 10월 누계 주택거래량이 100.8만 건을 기록했다고 발표했다. 이사철인 10월 주택 매매거래량은 106,274건으로 전년동월 대비 2.8% 감소했지만, 전월 대비로는 23.4% 증가했다. 그러나 전년 동기 대비로는 22.5% 증가한 수치다. 부산도 10월 한달 동안에만 9,863건이 거래되어 지난달 거래 건수인 7,258건에 비해 35.9% 증가했다. 전년 동월에 비해서는 8.5% 상승한 수치다. 여전히 기존 거래시장과 신규 분양시장의 활황세가 지속되는 것으로 읽히는 대목이다.

그러나 거래량 등의 증감에 따른 수치 변화를 유심히 살펴보면 의미 있는 변화가 감지된다. 2015년 10월 현재 지역별 거래량은 전년동월 대비 수도권은 3.6% 증가한 반면, 지방은 9.2% 감소했다는 점이다. 수도권이 거래량이 상대적으로 크게 증가한 것이다. 1~10월 누적 거래량 기준으로도 수도권은 전년동기 대비 36.3% 증가한 반면 지방은 10.6% 증가에 머물렀다. 시장의 중심이 지방에서 서울·수도권으로 옮겨가고 있는 느낌이다.

주택유형별 거래량을 살펴보면 시장의 변화를 보다 구체적으로 알 수 있다. 10월 한 달 동안 거래된 매매내용을 주택유형별로 살펴보면, 전국적으로 전년동월 대비 거래된 아파트는 11.0% 감소한 반면, 연립·다세대는 20.6%, 단독·다가구 주택은 15.3% 각각 증가했다. 1월부터 10월까지의 누적 거래량 기준으로 살펴보더라도 아파트는 18.7% 증가한 반면, 연립·다세대는 34.5%, 단독·다가구 주택은 27.9% 각각 증가한 것으로 나타났다. 이것은 주거소비와 관련해서 아파트를 덜 선호하는 것이 아니라 전세값 등의 상승으로 대체 아파트를 찾지 못한 수요자가 거주지 인근 또는 다른 지역의 연립·다세대나 단독·다가구 주택에 대한 구매가 증가했음을 의미한다. 이것은 주택유형별 가격 격차가 아파트 중심으로 이루어져 있어 오른 전세값을 감당할 수 없다는 현실적인 선택과 살고 있는 주거지역을 자녀교육, 출근 등의 이유로 쉽게 벗어나지 못하는 몇 가지 추가적인 이유를 설명할 수 있는 원인과 배경이기도 하다.

투자재로서의 환금성은 다른 주택유형에 비해 아파트가 월등하다. 그러나 최근 변화가 예고되고 있다. 단순히 환금성이 낮은 측면에서 가격이 상대적으로 낮아 연립이나 단독주택이 선호된다는 것이 아니라는 얘기다. 새로운 투자 대상으로 아파트 이외의 이들 주택유형이 부각되고 있다. 주택거래 100만 건 돌파는 이런 의미로, 주택에 대한 '새로운 방향'을 함께 보여주고 있다.

랜드마크의 야간 개장 효과와 도시경쟁력 그리고 집값

서울에서는 때 아닌 경복궁 야간개장이 화제다. 야간 개장관련해서 인터넷예매를 실시했는데 예매 진행 1시간 만에 '예매 종료' 됐다. 그만큼 경복궁 야간 개장에 대한 관심과 인기가 대단했음을 보여준 대목이다. 그래서 일까? 경복궁 야간개장 인터넷예매 매진 소식이 전해진 가운데 입장권을 구매하지 못한 이들 사이에서는 입장권을 구할 수 있는 '현장 구매' 방법과 가능성에 관심이 쏟아지고 있다고 한다. 경복궁은 우리나라의 대표적인 문화재이자 랜드마크다. 경복궁의 야간개장으로 많은 관람객이 오게 되면 그 주변 상권이 주간 뿐 아니라 야간에도 활성화될 것은 뻔하다. 그만큼 도시의 경쟁력이 제고된다는 것은 불문가지이다. 뿐만 아니다. 야간 개장이 정기적으로 또 다른 인접한 문화재 등으로 확대되면 주변 상권이 확대될 것이고 이로 인해

아파트 사회학

유동인구가 많아지면서 취업이 유발되면 서비스업 종사자들의 직주근접 욕구가 강해지면서 이주수요가 자연스럽게 발생할 것이다. 최근 서울시에 거주하는 1인가구가 도심으로 이주하는 패턴이 보인다는 연구 결과는 위와의 상관성과는 별개로 치더라도 향후 유관 연구를 통해 그 관련성과 효과 등을 추적해볼 필요가 있을 것으로 판단된다.

부산 유일의 도심 속 동물원인 삼정더파크에 관람객이 지속적으로 줄고 있다. 지난 5월 17만 명이 다녀갔지만, 지난달에는 5만 명에 그쳤다. 이에 대한 해결책으로 야간개장을 계획하고 있다. 지난해 10월 전국 최초의 야시장으로 문을 연 부평 깡통야시장은 부산을 대표하는 야간 관광명소이자 전통시장 활성화 사업의 성공모델로 자리잡고 있다. 개장 이후 평일에는 하루 평균 2천~3천 명, 주말에는 5천~7천 명이 찾고 있는 것으로 집계됐다. 최근 야간개장 소문이 나면서 부산을 방문하는 외지 관광객과 외국인의 야간 필수 관광코스가 되고 있다. 이를 위해 부산시는 중구 부평동 깡통야시장을 시민이 직접 참여하고 즐길 수 있는 '명물 야시장'으로 육성하기 위한 발전계획을 최근 마련했다. 야시장 구간을 확대하고 편의시설도 대폭 보강하기로 했다는 것이다.

부산의 도심이 천천히 살아나고 있다. '이바구길'이 그 서막을 열었다. 이바구길에도 야간에 방문할 수 있도록 하자. 근대역사건축물에 야간 조명을 하고 루트를 따라 디자인 요소를 감안한 유도등을 밝혀 야간에도 길을 열자. 그리고 이 길을 야시장과 연계하자. 길을 열면 도시의 경쟁력이 커지고 그러면 집값도 오른다. 부산시민공원의 야간 11시까지의 무료 개방은 이용 시민을 위한 편의이지만 그 효과는 주변 집값 상승을 유발시키는 요인으로도 작용한다.

주거는 인문학이다

전세값 이상 급등의 '미친 전세'는 8.28 대책을 끌어냈다. 4.1대책과 7.24 후속조치에 이어 새 정부의 부동산시장관련 세 번째 대책이다. 어쩌면 시장의 변화에 대한 정부의 대책 마련은 앞선 정부에서와 마찬가지로 자연스런 대응이라 할 수 있다. 그럼에도 현재의 주택시장이 여느 때의 시장과 다른 것은 집 값 하락을 동반한다는 점이다. 전세값은 오르는데 집 값이 떨어진다는 것은 이전과는 다른 이례적 현상이다. 또한 세계경제의 불확실성 속에서 일시적인 침체라고 보기에는 지역별, 주택유형별, 규모별 양상이 상이하다. 서울·수도권과 지역의 온도차가 크게 존재한다. 여전히 6억 이하이면서 85제곱미터 미만의 아파트가 대책 적용의 기준이라는 점에서 논의의 중심이지만 대책의 효과 측면에서는 대부분의 주택이 6억 미만이 지방의 여건을 감안하면 대책의 효과라는 측면에서 지역적인 체감은 다를 수밖에 없다. 이런 이유로 현재의 시장 상황은 전세값이 안정된다고 시장 상황이 종료되지는 않을 듯 하다. 전세값 급등 시장과 정부의 대책 사이에서 소비자들은 경제적인 선택을 저울질한다. 동시에 주택과 주거를 생각한다.

'살고 싶은 집'과 '선호하는 집'은 다를까? 다르다. 살고 싶은 집이 현재의 시장 상황과 가계의 경제적 여건 등을 반영한 지극히 현실적인 선택이라면 선호하는 집은 현실적이지는 않더라도 마음속으로 바라는 개인적으로는 진심으로 선택하고 싶은 약간은 비현실적인 기대치가 반영된 의사(preference)라고 할 수 있다.

주택은 '가격'이고 주거는 '삶의 질'이다. 주택은 '아파트'이고 주거는 '살고 싶은 집'이다. 주택은 경제적 가치를 대변하고 주거는 거주에 대한 내 생각을 반영한다. 지금 주택이 먼저 떠오른다면 아파트를 사야하고 주거에 생각이 머문다면 현재 거주하고 있는 주택에 만족하는지 여부를 파악해야 한다. 주택은 현실적인 선택이고 주거는 삶의 질과 관련된 궁극적인 선택이다. 그러니 주택은 경제학이고 주거는 인문학이다.

'생각하는 대로 살지 않으면 사는 대로 생각 하게 된다'는 말이 있다. 이에 빗대어 지금 살 집을 결정하지 않으면 살고 싶은 집에 살지 못하고 사는 형편대로 살 수 밖에 없다. 100세 시대, 더 이상 집값이 큰 폭으로 오르지 않는 저성장 시대를 맞으면서 바야흐로 사두면 오르던 불패의 선택이 아닌 온전한 주거를 위한 깊은 사유로서의 '선택'이 중요해지는 시점이다. 삶을 담는 주택으로서의 '주거'가 인문학인 이유다.

Chapter 02

아파트 공화국

우리나라 전체 주택 가운데 아파트의 비중은 60.1%(2016년 말 기준)이다. 아파트가 대표적인 도시 주거 유형이 된지 오래다. 그런 탓에 우리나라를 아파트공화국이라 불렀다. 아이러니하게도 우리나라 아파트를 주제로 박사학위를 받은 프랑스 지리학자인 '발레리 줄레조'는 도시계획을 공부하는 동료에게 반포아파트 지역 5천분의 1 항공 지도를 보여줬을 때 이렇게 말했다고 한다. "한강변의 군사기지 규모는 정말 대단하군" 이로부터 최소한 20여년이 지난 지금 우리나라는 여전히 아파트 공화국이다.

우리나라 아파트 비율

2016년 현재 우리나라 전체 주택유형 가운데 아파트가 차지하는 비중은 60.1%이다. 주택 10채 가운데 6채 이상은 아파트라는 얘기다. 아파트가 우리나라 도시 주거의 대표적인 주거유형인 셈이며 그 비중은 지날수록 증가 추세다.

2000년 들어 단독주택보다 아파트 비중이 높아 재고 주택 비율이 역전된 이후 아파트는 가파르게 증가한 반면 단독주택은 상대적으로

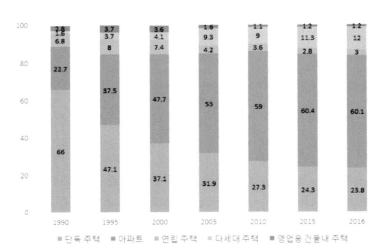

유형별 재고 주택 현황

자료: 통계청, 「인구주택총조사」

감소했다. 1995년까지만 해도 아파트는 단독주택에 비해 유형별 주택 비율이 37.5%(아파트) : 47.1%(단독주택)로 뒤졌다. 그러나 2000년 들어서 47.7% : 37.1%로 아파트 비율이 앞서가더니 2005년을 기점으로 53.0% : 31.9%로 현격한 차이를 보이며 아파트 비중이 앞섰다.

2010년 말부터는 전체 주택유형에서 아파트가 차지하는 비율이 60%에 육박했으며, 2015년 이후 유형별 재고 주택 비중 가운데 아파트의 비중은 60.4%로 60%대를 넘어서 현재에 이르고 있다.

아파트라는 특정 주택유형이 이렇듯 큰 폭으로 증가한 이유는 무엇일까? 그것은 사람들이 아파트를 선호하는 이유와 별반 다르지 않다.

이에 대해 이상영 박사는 그의 저서 『아파트 경제학』(박영률출판사, 2002)에서 다음과 같이 언급하고 있다. "아파트에 대한 국민적 관심은 아파트라는 교육, 문화, 여가의 모든 면에서 아파트가 주는 편리함이 각광받고 있는 시대라고 할 수 있다. 여기에 주상복합아파트, 주거용 오피스텔과 같은 새로운 주택 유형이 제시되면서 대중화 시대의 아파트가 아닌 차별화 시대의 아파트로 변신하고 있다" 또한 "아파트 선호의 배경에 '표준화된 부동산 투자 상품'이라는 인식이 생기면서 이제 아파트는 주거 공간의 개념을 넘어 재테크의 대명사가 되고 있다"[16]고 말한다.

관련 연구 결과 등을 종합하면 아파트가 많은 사람들에게 선호되는 이유는 편의성, 안전성, 수익성, 환금성 등 아파트를 선택하는 사람들의 개인적 선호와 배경에 따라 다양하다.

개인적 선호와 배경에 따라 다를 수 있는 이유로 아파트는 구매자, 공급자 그리고 행정부 차원에서 이익이 있을 수 있다는 주장도 있다.[17] 아파트를 선택함에 있어 '구매자가 얻을 수 있는 이익'은 구매의 편리성과 주저비용의 감소 등을 들어 설명한다. 지불해야 하는 가격이 다른 주택유형에 비해 표준화되어 있고, 단지를 이루어 거주하면서 공용으로 지출된 부분을 세대별로 나누어 관리비를 소위 '1/n' 하니 거주 비용이 감소되는 측면이 있을 수 있다.

'공급자가 얻을 수 있는 이익'은 규격화를 통한 빠른 공급, 규격화를 통한 관리 시스템 통합, 건축비용 감소 등을 들고 있다. 다른 주택에 비해 표준화된 공정을 통해 빠르게 공급될 수 있다는 것은 일부는 맞고 일부는 다르다. 왜냐하면 규격화된 자재를 사용할 수 있지만, 규모에 따라 입지에 따라 상이할 수 있기 때문이다. 또한, 조립식 목조

---

16) 이상영(2002). 『아파트 경제학』. 박영률출판사. pp.5~6.

17) 본문에서 언급하는 내용은 아래 사이트의 내용 일부를 참고했음을 밝힌다. https://namu.wiki/w/%EC%95%84%ED%8C%8C%ED%8A%B8/%EB%8C%80%ED%95%9C%EB%AF%BC%EA%B5%AD/%EC%84%A0%ED%98%B8%20%EC%9D%B4%EC%9C%A0

주택이나 첨단 단열공법을 이용하여 에너지의 낭비를 최소화한 건축물인 패시브하우스(passive house)[18] 등은 준공까지 2~3년 소요되는 아파트에 비해 6개월 정도로 짧기 때문이다.

또한, 아파트의 공급을 통해 '행정부가 얻는 이익'과 관련해서는 아파트를 중심으로 행정권의 압축, 아파트를 중심으로 상권 압축으로 설명하고 있다. 행정권의 압축은 선택과 집중으로서 아파트라는 주택유형이 주택의 대량 공급에 부합했다는 취지로 설명한다. 아파트를 중심으로 한 상권 압축 역시 택지개발의 형태로 공급되는 계획된 구획으로서의 상업용지를 중심으로 한 토지이용계획에 따라 상권이 집중적으로 형성됨에 따른 결과와 현상으로 이해된다. 이 역시 어떻게 볼 것인가? 어떻게 이해할 것인가에 따라 다른 견해로서의 반론이 있을 수 있다는 점에서 아파트라는 주택유형을 대하는 각기 다른 입장으로 보는 것이 맞을 것으로 판단된다.

중요한 것은 그만큼 아파트에 대한 우리 사회의 담론이 다양하게 존재하며, 입장이나 견해에 따라 상반된 '주장'이 있을 수 있는 '키워드'라는 점일 듯 싶다.

---

18) '패시브 하우스'는 집안의 열이 밖으로 새나가지 않도록 최대한 차단함으로써 화석연료를 사용하지 않고도 실내온도를 따뜻하게 유지한다. 구체적으로는 냉방 및 난방을 위한 최대 부하가 1 m^2당 10W 이하인 에너지 절약형 건축물을 가리킨다. 1991년 독일의 다름슈타트(Darmstadt)에 첫 패시브 하우스가 들어선 뒤로 독일을 중심으로 유럽에 빠르게 확산되고 있다. 특히 독일의 프랑크푸르트는 2009년부터 모든 건물을 패시브 하우스 형태로 설계하여야만 건축 허가를 내주고 있다(네이버 지식백과. 패시브 하우스 [Passive house]). https://terms.naver.com/entry.nhn?docId=1320010&cid=40942&categoryId=32149

[강남의 탄생] 명문고 강남 이전이 결정적[19]

오늘날 강남으로 불리는 지역이 탄생한 것은 1960년대 후반이다. 그전까지 이곳은 한적한 농촌이었다. 한강 주변 땅들 대부분은 논이었고, 군데군데 야트막한 구릉이 자리 잡고 있었다. 그 사이를 구룡산, 대모산, 우면산 등 남쪽 산지에서 발원한 탄천과 양재천, 반포천 등이 곡류를 이루며 한강으로 흘러 들어갔다.

1960년 서울 인구가 200만 명을 돌파하자, 서울시는 인접한 경기 지역의 12개 면 90개 리를 시에 새로 편입한다. 이때가 1963년이었다. 3년 뒤 서울시는 편입된 한강 이남 지역에 10년에 걸쳐 12만 가구 60만 명을 수용하는 내용의 '남서울 도시계획'을 발표했고, 같은 해 착공한 제3한강교(한남대교)가 1969년 말 완공돼 강남은 비로소 서울 생활권에 들어오게 됐다.

강남 개발은 서울시 인구분산정책과도 긴밀한 연관이 있었다. 서울 인구를 한강 이북 40%, 이남 60%로 분산시키는 것이 핵심이었다. 여기엔 안보적 고려도 작용했다. 북한 무장공작원의 청와대 습격사건 1년 뒤인 1969년 서울 요새화 계획과 함께 한강 남쪽에 '제2서울' 건설 계획이 발표된 사실을 봐도 그렇다.

그러나 개발사업은 좀체 활기를 띠지 못했다. 정부는 강남 개발을 행정적으로 지원하기 위해 1975년 강남구를 신설하고, '부동산투기 억제세 면제' 조처를 단행했다. 동시에 개발 수요가 강남으로 집중되도록 한강 이북의 택지 조성을 불허하는 한편, 인구 집중을 유발하는 명문 고등학교와 법원 등 국가기관의 강남 이전을 추진했다. 1976년 경기고를 필두로 시작된 학교 이전의 효과는 확실했다. 명문고가 입지한 지역의 아파트 가격이 천정부지로 치솟아 '강남 8학군'이란 말이 등장했다. 이때부터 정부 공식 문서에나 등장하던 강남이란 지명이 일반인 사이에서 '남서울' '영동'(영등포의 동쪽이란 뜻)보다 빈번하게 사용되기 시작했다.

강남 개발은 1980년대 지하철 2·3호선의 개통과 더불어 완성됐다. 지하철은 사당·강남·양재 등 시외버스와 연결되는 지역 거점을 성장시켰는데, 여기엔 강남에서 1시간 거리에 신설된 종합대학 분교들의 구실도 컸다. 88올림픽을 앞두고는 변방 국가의 발전상을 세계에 과시하려는 각종 개발 프로젝트가 진행됐다. 테헤란로 집중 개발도 그 일환이었다.

(한겨레21, 2012.04.06)

---

19) http://h21.hani.co.kr/arti/special/special_general/31761.html

강남 아파트

강남지역은 우리나라 아파트 또는 아파트 시장을 설명할 때 빠지지 않고 언급되는 공간적 장소다. 어쩌면 우리나라를 두고 아파트 공화국(Apt. Republic)이라 부르는 공간적 대상이 바로 서울 강남지역 일대로 보는 것에 대해 이의를 제기할 사람들이 많지 않을 듯 하다. 그 만큼 강남지역은 아파트, 아파트 시장, 아파트 사회, 아파트 문화와 관련해 트렌드를 만들었고 여전히 트렌드를 만들고 있는 대표적인 곳이라고 할 수 있다.

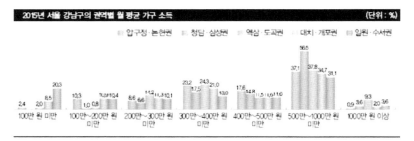

자료: 주간동아(2016.07.01). 넌 '테남'? 난 '테북공화국'에 산다!.
　　http://weekly.donga.com/3/all/11/537316/1

현재 '강남지역' 또는 '강남'이라고 불리우는 공간적 범위는 연구자 또는 보는 사람에 따라 각기 다르다.

강남 지역 아파트의 가격 급등 시기에 이와 관련된 초기 연구라고 할 수 있는『강남지역 주택시장 분석』[20]에 따른 강남지역은 '한강을 중심으로 한수 이남지역과 이북지역을 구분할 때 강남지역과 강북지역이라고 구분하기도 한다. 한강 이남과 이북을 구분하는 지역명으

---

20) 김현아(2002).『강남지역 주택시장 분석』. 건설산업연구원. p.1.

　　　　　　　　　　　　　　　　　　　　　아파트 사회학

로는 "강남부 지역", "강북구 지역"으로 표기하였으며 "강남지역"이라 함은 강남구와 서초구만을 의미함(일반적으로 강남지역이라고 하면 지금의 강남구, 서초구, 송파구 일대를 지칭하며 특히 협의의 강남지역은 '영동지역'이라고 불리던 강남개발의 첫 단계 사업지였던 영동1, 2지구인 강남구와 서초구 일대를 의미함)'으로 한정하고 있다. 즉, 강남구와 서초구를 '강남지역'으로 본 것이다.

서울시립대 서울학연구소에서 발표한 '강남의 심상규모와 경계짓기의 논리'라는 논문에서는 이와 관련한 재미있는 설문을 했다. 서울에 거주하거나 생활하는 사람들에게 지도를 나눠주고 '당신이 강남이라고 생각하는 동'들을 표시하도록 한 것이다. 응답자 중 소위 '강남 3구'라 불리는 강남구, 서초구, 송파구 전체를 강남이라고 인정한 사람은 183명 중에 8명에 불과했다. 90% 이상의 응답자에게서 강남으로 인정받은 곳은 역삼·삼성·논현·대치·압구정·청담·신사·서초동 등 소수에 불과했다(헤럴드경제, 2018). 위의 연구에서 연구 대상으로 규정한 '강남지역'과 공간적으로 흡사한 범위라고 할 수 있다.

얼마 전 '입시 코디'를 소재로 방송되어 사회적 이슈로 관심을 모았던 「스카이 캐슬(SKY CASTLE)」[21](JTBC)이라는 TV 드라마로 인해 같은 강남구라고 하더라도 테헤란로를 따라 북쪽의 '테북(테헤란로 북쪽)'과 남쪽의 '테남(테헤란로 남쪽)'으로 이미 오래전부터 구분[22] 지어져 구전되었던 내용이 다시 조명받기도 하였다.

---

21) http://tv.jtbc.joins.com/skycastle

22) 동아일보(2011.07.06). 강남 거주 30, 40대 여성 8570명 소비형태 분석해보니. http://news.donga.com/3/all/20110706/38575755/1

자료: 주간동아(2016.07.01). 넌 '테남'? 난 '테북공화국'에 산다!.
　　http://weekly.donga.com/3/all/11/537316/1

이 기준에 따라 테북의 압구정 · 청담동이 성골이라면 테남의 대치
· 도곡 · 개포동은 진골로 분류되기도 한다. 그 구분 기준 또한, 두 지
역 간 아파트 가격 차이라고 할 수 있다. '테북'에 위치하는 아파트들
이 평수도 넓고 비싸며 '테남' 소재 아파트들의 평수도 작고 가격도
상대적으로 낮다는 것이 그것이다.

강남에 대한 경계짓기로서의 선호와 또는 상반된 배타적 감정은
강남에 대한 무의식적 쏠림 경향을 만들어 내기도 하며 그 반대로의
배타적 무관심이 상존하게 만드는 동력을 제공한다. 여기에 언론의
강남지역에 대한 언급이나 관심은 이러한 이분법을 보다 공고히 하

는데 긍정 혹은 부정으로 기여한다.

'강남지역'은 학술적으로 우리나라에 존재하는 많은 '하위시장 (sub-market)' 가운데 하나일 뿐이다. 그럼에 불구하고 전국적인 주택가격 하락시기에도, 수도권 3기 신도시를 통한 공급 확대 대책에도 강남의 희소성이 더 부각되었다며 지속적으로 언급되는 '강남의 똘똘한 한 채'는 여전히 유효한 강남지역의 상징성을 대변하는 현상으로 읽힐 수밖에 없다.

강남에 대한, 강남 아파트에 대한, 강남과 그와 비교되는 상대적인 그 모든 것들로 인해 강남은 우리 시대, 우리 사회의 단면을 대표하는 상징이 된 것은 분명하다. 정치도 예외가 아니다. 그래서 정치가 '강남'을 주목하는 이유가 될는지 모를 일이다.

최근 문재인 정부의 이상 급등한 '집값 잡기'와 관련해 강남에 천착한다는 인상을 주는 것도 노무현 정부 때 강남과의 전쟁에서 '정부의 실패'로 끝난 것에 대한 일종의 트라우마에 기인하는 측면이 없지 않다.

이러한 강남 문제에 대해 강준만 교수는 "한국사회에 난무하는 갈등엔 공통점이 있어요. 역지사지(易地思之)를 불필요하거나 해선 안 될 것으로 본다는 점입니다. 독재정권과 그에 대항한 민주화투쟁의 유산이 아닌가 해요. 상대를 이겨야만 하는 제로섬 게임이었다는 점에서 그렇습니다. 강남 문제도 마찬가지라고 봐요. 그런 특성이 가장 잘 드러난다는 점에서 강남문제는 한국형 갈등의 급소라고 생각합니다. 지금 우리는 문제 해결에 도움이 되는 쪽으로 논쟁과 논란을 대하고 있지 않다는 게 저의 문제의식입니다."라고 언론과의 인터뷰에서 말한 바 있다(연합뉴스, 2006).

위의 언론 인터뷰에서 강준만 교수는 "강남을 공정하게 바라보려면 도덕주의나 포퓰리즘적 접근은 경계해야 한다고 전제를 깐다. 강남-비강남을 적대시하게 하는 건 문제를 어렵게 하는 결과만 초래한

다며 강남 사람의 목소리도 경청하면서 슬기롭다 못해 영악한 제도와 정책을 펴야 한다는 것이다. 강남, 아파트, 부동산은 이미 경제학의 영역을 벗어났으며 정치학과 심리학으로 다가갈 때 본 모습을 파악할 수 있다고 강조하기도 한다"고 말했다.

강준만 교수는 강남지역으로서의 강남 현상에 대한 인터뷰를 통해 이렇게 마무리 했다. "강남 주민에 대해 삐딱한 시선을 갖는 건 옳지도 않을 뿐더러 어리석은 일이라고 다시 한 번 강조한다. 이번의 저서(『강남, 낯선 대한민국의 자화상』(2006, 인물과사상사))가 비판을 위한 비판서가 아님을 강조하는 것이기도 하다. 강남 비판도 어디까지나 한국 자본주의의 농축된 형태로서의 강남이 시사해주는 구조에 대한 비판으로 여겨져야 한다는 뜻이다. 그러면서 "세상에서 가장 어리석은 일은 엉뚱한 적(敵)을 상대로 싸우는 일"이라고 일갈했다.

절대 화두 '강남'에 대한 강준만 교수의 이러한 지적에도 불구하고 본인조차 '강남 현상', '강남 지역'이라는 공간적 대상을 논의의 주제나 제목으로 정했다는 점에서 그리고 강남과 관련된 저역서 등의 다른 저작[23]들이 많다는 점에서 강남과 연관된 것으로의 '강남 이데올로기(Gamnam Ideology)'로부터 자유롭다고 할 수 없을 듯하다.

강남과 관련된 다양한 '강남 문제'의 궁극적인 해결방안으로 제안되는 더 많은 강남 하위시장(sub-market)론은 그래서 제안되었다. 선호되는 강남지역의 특성을 갖춘 강남과 같은 하위시장이 다수 존재한다면, 작금 벌어지고 있는 일방적인 강남 선호나 강남 현상은 다소 정도로서의 수위가 낮아지거나 다른 선호로 인해 옅어질 것이 아니냐는 것이다. 이러한 수요 대체 또는 분산을 통해 강남문제의 일부를 해결할 수 있지 않겠느냐는 것이다.

도시연구자 이동헌(2012년 당시 영국 런던대 박사과정)씨는 연구

---

23) 강준만(2011). 『강남 좌파』(민주화 이후의 엘리트주의). 인물과사상사.

아파트 사회학

논문인 "강남의 심상규모와 경계짓기의 논리"에서 밝혔듯이 "강남은 지리적으로 고정된 공간이라기보다 그 안에 살고 있는 사람들의 부단한 구별짓기 · 경계짓기 전략에 의해 만들어지는 사회적 공간"이라고 진단한다. 자신이 속한 생활세계에 대한 친밀감과 계층 사다리의 위칸으로 올라서고자 하는 상승 욕망이 타협해 만들어낸 '상상의 공동체'가 강남이란 얘기다(한겨레21, 2012).

서울의 강남은 현재도 '구별짓기'와 '경계짓기'를 통해 공간적으로 사회적으로 심리적으로 진화 중이다.

김현아 의원 "文정부, 부동산 정책이 아니라 부동산 정치를 한다"[24]

강남 집값이 고공행진이다. 지난해 고강도 8 · 2 대책 등 현 정부 들어 6차례 부동산 대책을 냈지만, 시장은 싸늘하고 가격은 폭등하고 있다.

이와 관련 국회 국토교통위원회 소속 김현아(49) 자유한국당 의원은 24일 중앙일보와의 인터뷰에서 "현 정부가 부동산 정책이 아닌, 부동산 정치를 하기 때문"이라고 규정했다. 한국건설산업연구원 출신으로 2016년 새누리당 비례대표로 국회에 입성, 국회의원 중 유일한 부동산 전문가로 평가받는 그는 "강남을 겁박하는 건 정의롭지 못하다. 정상적으로 재건축할 수 있게 해야 한다"고 강조했다.

− 21일 국토부가 최대 8억4000만원의 재건축 초과이익환수제를 발표했다.

"증권가 '찌라시'인 줄 알았다. 근거도 없고, 산정기준도 없으며, 해당 재건축이 어디인 줄도 모르는 '깜깜이' 발표 아닌가. 초과이익 환수율 50%를 적용해 8억원을 넘었다는 건, 결국 재건축으로 16억원을 벌 수 있다는 것을 정부가 공인해 주는 꼴이다. 배신감마저 든다."

−왜 배신감이 드나.

"현 정부 들어 초과이익환수, 분양권 전매제한 등 각종 부동산 규제 법안을 낼 때 야당은 반대했다. 나는 문제점을 꼬집었지만, 상임위에 출석해 정족수를 채워 법안이

---

24) 중앙일보(2018.01.25). 김현아 의원 "文정부, 부동산 정책이 아니라 부동산 정치를 한다".
http://news.joins.com/article/22315872

통과되게끔 했다. 어떤 정부건 부동산 급등을, 급락을 원하지 않는다. 그에 맞춰 부동산 정책도 편다. 그걸 알기에 큰 틀의 규제책에 공감했다. 그런데 이토록 특수한 계층을 때려 심리적 위안을 얻으려 하니…. 주변에서 전문가라고 '부동산 어떻게 될 거 같아. 사야 돼 팔아야 돼' 물으면 '나한테 묻지 말고 역술인이나 심리학자 찾아가'라고 답한다. 그만큼 시장이 엉망이다. 과연 현 정부가 주택시장 안정을 추구하고자 하는지 근본적인 회의감마저 든다. 한마디로 부동산 정책을 펴는 것이 아니라 '부동산 정치'를 하고 있다."

– 왜 '부동산 정치'인가.
"현재 강남 재건축이 오르는 요인은 복합적이다. 단기간 해소하기 어려운 구조를 띠고 있다. 그걸 무시한 채 투기세력 근절이라는 단순논리로만 접근하고 있으니 이건 경제적 접근이 아니라 정치적 목적이라고 해석할 수밖에 없는 거다. 팔 저린데, 목·어깨 풀 생각 안 하고 팔만 주무른다고 해야 할까. 강남 재건축을 타깃으로 일종의 마녀사냥식 분풀이 정책을 펴는 게 지지율 제고에 유리하다고 보는 거다. 하지만 그런 편 가르기 부동산 대책은 이미 노무현 정부에서 실패했다. 똑같은 시행착오를 반복하고 있다. 10여 년 전에도 종부세 등 수요관리책을 폈고, 고교 평준화 정책을 시행했는데 이번에도 고강도 규제와 특목고 폐지 등을 하고 있다. 데자뷔다."

– 그럼 투기세력을 방임해야 하나.
"투기와 투자를 무 자르듯 정확히 나눌 수 있을까. 난 편의상, 혹은 누군가를 공격하기 위해 자의적으로 구별한다고 생각한다. 또한 투기를 잡겠다고 하면 현재 부동산시장에서 누가 가장 돈을 벌고 있는지 시야를 넓혀야 하는데 현 정부는 유독 강남 아파트 다주택자만을 때려잡고 있다. 통계를 따져보면 이른바 '꼬마빌딩' 소유자의 자본이득이 최근 가장 높은 것으로 조사된다. 그런 진실을 의도적으로 간과하는 게 아닐까 의심이 들 수밖에 없다."

– 대안이 있나.
"우선 김현미 국토부 장관이 사과해야 한다. 정책 실패를 인정해야 한다. 분노하고 불안해하는 심리를 달래주는 게 엉킨 실타래를 푸는 첫 단추다. 사람들이 왜 강남에 입성하고 싶어하는가. 교육·교통·편의시설 등이 월등하기 때문이다. 현 정부의 주력사업 중 하나가 도시재생 프로젝트이다. 거기에 집중하라. 그래서 강남 아닌 곳도 멋지게 만들어 또 다른 명품 주거단지를 만들면 강남 수요를 분산시킬 수 있지 않을까. 뺄셈이 아닌 덧셈의 부동산 정책을 펴야 한다."

– 또 다른 조언을 한다면.

"보수 정권이 시장 활성화를 중시한다면 진보 정권은 주거 복지에 방점을 둔다. 그런데 현 정부는 임대주택 등 주거복지 로드맵이 중장기적으로만 편성돼 있다. 서두르는 기색도 아니며 혁신적인 내용도 없다. 반면 규제는 즉각적이며 초고강도다. 서로 바꾸어야 한다. 또 지금 정부 쪽에서 흘러나오는 보유세 방안도 기대 이하다. 다주택자 아파트 보유세만 인상하겠다고 하니 지방선거를 의식해 강도를 낮춘 게 아닐까 싶다. 무엇보다 강남 재건축을 그만 겁박해야 한다. 지금처럼 거래·공급·수요를 몽땅 틀어막으면 시장은 왜곡될 수밖에 없다. 정상적으로 재건축할 수 있게 하고, 법대로 초과이익을 거두면 되지 않나. 그게 순리다."

최민우 · 김준영 기자 minwoo@joongang.co.kr

출처: 중앙일보 2018.01.25일자
http://news.joins.com/article/22315872

참고문헌

강준만(2005.12.21). "아파트 공화국"의 미스테리, 《한겨레21》.

네이버지식백과. 학문명백과: 사회과학. "사회학", http://terms.naver.com/entry.nh
n?docId=2073306&cid=44412&categoryId=44412

박철수(2013). 『아파트: : 공적 냉소와 사적 정열이 지배하는 사회』. 마티.

발레리 줄레조(2003). *Seoul, ville geante, cites radieuses*. 길혜연 옮김(2004). 『한국
의 아파트 연구』(동아시아연구총서 13). 아연출판부.

발레리 줄레조(2007). 『아파트 공화국』. 후마니타스.

서울경제(2017.09.01). [토요와치-애증의 8학군] 대치동 학원 왜 강한가. http://
www.sedaily.com/NewsView/1OKUYDE7QL

서정렬(2016). 『부동산 인간, 호모 프라이디어룸』. 커뮤니케이션북스.

서정렬(2017). "아파트의 현재와 미래-부제: Obituary APT", 제27차 부산공간포
럼. 부산광역시 · 사)부산국제건축문화제조직위원회.

서정렬(2018). 『아파트 사용설명서: 이해와 활용』. 커뮤니케이션북스.

손낙구(2008). 『부동산 계급사회』. 후마니타스.

아시아경제(2018.06.15). 서울 강남 중형 아파트 평균가격 8억 돌파. http://view.
asiae.co.kr/news/view.htm?idxno=2018061215111036490

연합뉴스(2006.11.06). 〈연합초대석〉 '강남' 파고든 강준만 교수. https://
news.naver.com/main/read.nhn?mode=LSD&mid=sec&sid1=001&oid=001&a
id=0001459166

이동헌 · 이향아(2011). "강남의 심상규모와 경계짓기의 논리", 「서울학연구」. 서
울학연구소.pp.123~171.

장림종 · 박진희(2009). 『대한민국 아파트 발굴사(종암에서 힐탑까지, 1세대 아
파트 탐사의 기록)』. 효형출판.

전상인(2009). 『아파트에 미치다 - 현대한국의 주거사회학』. 이숲.

아파트 사회학

주간동아(2016.07.01). 넌 '테남'? 난 '테북공화국'에 산다!. http://weekly.donga.com/3/all/11/537316/1

한종수 · 강희용(2016). 『강남의 탄생』. 미지북스.

헤럴드경제(2018.01.04.). [강남3구 탄생 30년⑥] 강남스타일...유행 넘어 계급이 되다. http://news.heraldcorp.com/view.php?ud=20180104000082

NUMBEO Property Prices Index Rate https://www.numbeo.com/property-investment/rankings_current.jsp

주택소유 실태와 특징

부산에는 1,164만여 채의 주택이 있다. 누가, 몇 채의 주택이 소유하고 있을까? 통계청이 최근 발표한 주택소유 자료를 통해 2016년 기준 부산시 주택 소유의 특징을 살펴본다. 우선, 주택 소유율이란 '일반가구 중 주택을 소유한 가구의 비율'을 의미한다. 부산시의 주택소유율은 58.3%로 전국 평균인 55.5%보다 2.8%p 높다. 2015년의 주택소유율인 58.9%에 비해 -0.6% 하락한 수치다. 집값이 많이 올랐고, 아파트 분양물량이 큰 폭으로 증가했다는 것을 감안하면 주택소유율이 하락했다는 것이 쉽게 이해되지 않는다.

이유는 간단하다. 부산시 개인소유의 주택 비중이 2015년의 90.5%에서 2016년 90.6%로 증가하였으며, 전국 수치이기는 하지만 2건 이상의 주택을 소유한 가구 비율이 2015년 18.8%에서 2016년 19.7%로 증가했음을 볼 때 부산시의 경우에도 2채 이상의 주택을 소유한 소유자들의 소유 비중 증가로 절대 주택 수는 증가했음에도 주택소유율은 다소간 하락 한 것은 가구수의 증가 등에 따른 영향으로 이해된다.

여튼, 중요한 것은 내 집이 있는 지역 내 가구보다 내 집 마련이 여전히 어려운 가구들의 내 집 소유는 최근 지역 내 주택가격의 상승 등으로 여전히 더 어려워지고 있다는 것이다. 이런 상황에서 부산지역 내 주택의 지역 내 소유자 비중은 91.2%이며 이것은 100채의 부산 지역 주택을 부산 지역 거주자 91.2명이 소유하고 있음을 의미한다. 나머지 8.8%는 부산지역 이외 거주자 즉 외지인이 소유하고 있는 것으로 나타났다. 외지인 소유 비율은 전국 평균 13.3%에 비해서는 낮은 수치이다. 부산시내 주택을 소유한 외지인 비율이 가장 높은 지역은 부산 인근의 양산시(8.8%), 김해시(8.5%), 창원시(7.4%) 순으로 나타났다. 이들 지역 분들이 다른 지역에 비해 왜 부산 시내 주택을 소유하고 있는지는 확인하기 어려우나 부산 지역 거주자들이 거꾸로 이들 지역(양산, 김해, 창원) 분양 아파트를 사서 주소지를 옮긴 상태에서 부산지역 내 주택을 아직 팔지 못했거나, 여전히 소유하고 있는 것으로 이해될 수도 있는 대목이라는 점이다.

이런 추론이 설득력을 얻기 위해서는 개별적으로 사실 여부를 확인하여야 하나 그것이 사실이든 아니든 상관없이 이러한 정황이 현재 부산 주택시장에 나타나고 있는 매매시장의 가격 하락 징후와 분양시장의 여전한 이상과열 등 지역 주택시장의 이중적 상황을 감안할 때 이번 겨울 부산의 주택시장은 유난히 길 듯 싶다.

미분양관리지역 지정 의미와 주택시장

지난 1일 주택도시금융공사(HUG)는 주택 공급물량 조절 일환으로 24개 지역을 미분양관리지역으로 지정 및 발표했다. 부울경지역에서는 울산 북구, 경남 김해, 고성, 창원 등이 지정됐다. 미분양관리지역의 지정 의미와 주택 시장에 미치는 영향은 무엇일까? 브레이크 없는 부산 분양시장에 미분양관리지역이 지정된다면 어떤 의미로 이해해야 할까? 일부 비전문가들의 친시장적 발언 주장처럼 주택건설 공급을 옥죄는 족쇄로 작용해 지역주택공급에는 빨간불이 켜지고 이에 따라 수요자들에게도 불리하게 작용할까?

결론부터 말하자면 미분양관리지역 지정은 시장 조절의 순기능은 물론 시장에 대한 올바른 정보를 제공 소비자들에게 합리적인 선택을 하는데 보탬을 줄 수 있다. 미분양관리지역 지정이 주먹구구식으로 결정되는 것이 아니기 때문이다. 선정 기준을 통해 그 이유를 알 수 있다. 미분양관리지역 지정은 해당 지역의 미분양 주택수, 인허가 실적, 청약경쟁률, 초기분양률 등을 종합 고려하여 매월 선정된다. 요약하면 아파트 분양 시 미분양이 많이 쌓일 것이 우려되는 지역을 선정하는 셈이다.

세부 기준은 이렇다. HUG는 미분양 주택 수 500가구 이상인 시 · 군 · 구 가운데 ▲최근 3개월간 전월보다 미분양 가구 수가 50% 이상 증가한 달이 있는 지역 ▲당월 미분양 가구 수가 1년간 월평균 미분양 가구 수의 2배 이상인 지역 등을 대상으로 한다. 아울러 ▲최근 3개월간 전월보다 인허가실적이 50% 이상 증가한 달이 있는 지역 ▲당월 인허가실적이 1년간 월평균 인허가실적의 2배 이상인 지역 등이 대상이다. 그야말로 미분양 발생으로 수요자들이 피해 보지 않도록 사전적으로 조치를 취하는 예방의 효과가 큰 긍정적인 측면이 강하다. 미분양관리지역 지정을 반대하는 입장의 요지는 이렇다. 미분양 관리지역으로 지정되면 지정 고시 지역의 택지를 매입하기 위해 업체는 HUG로부터 사업수행 능력과 사업성, 사업여건 등을 검증하는 분양보증 예비심사를 의무적으로 받아야 하는 등 건설사의 분양 활동이 위축되고 이러한 영향으로 주택공급이 축소되어 결과적으로 소비자가 피해를 볼 수 있다는 논리다. 그러나 오히려 건설업체도 사업성 분석 등 분양 상품에 대한 충분한 사업성 고려로 신중을 기할 수 있고 이에 따라 소비자들 역시 미분양 적체 가능성이 높은 지역 아파트에 대한 분양권 프리미엄을 목적으로 한 '묻지마 청약' 등을 피해 갈 수 있다는 순기능이 크다는 점에서 미분양관리지역 지정 자체는 소비자 입장에서는 현재와 같이 혼탁한 시장 분위기 속에서 피해를 최소화 할 수 있는 시장에 대한 알권리의 강화라는 측면으로 이해될 필요가 있다.

2016년 부산 주택시장의 키워드

2015년 부산 주택시장은 기록의 산실이었다. 많이 올랐고, 많이 공급되었다. 저성장 · 저금리 상황에서 마땅한 투자처가 없던 상황에서 청약통장 가입자 가운데 1순위 청약자는 살 집을 구할 이유 나 필요성과는 상관없이 분양권 전매를 통한 불로소득으로 한 몫 잡기도 했다. 실수요자보다는 양호한 분양시장을 통해 너도 나도 분양권 폭탄의 '마지막 수요자'만 아니면 된다는 식의 '묻지마 청약'에 몰두 했다. 올해도 이럴 수 있을까? 결론부터 말하자면 '아니다(No)'.

부산 시민들이 올 한해 물가 상승 등 지역경제가 대체로 어렵다고 생각하고 있는 것으로 각종 조사결과 나타나고 있다. 중국 증시하락으로 올해에만 벌써 두 번째 서킷 브레이커가 발동 된 것 또한 위협 요인이다. 2015년 뜨거웠던 주택시장은 주택 공급 과잉, 대출심사 강화, 미국 금리인상 등의 악재를 이미 잉태하고 있다. 이에 따라 전문 연구기관들 역시 올 한 해 주택시장이 작년보다는 어려울 것이라는 데 무게 중심을 두고 있다. 연구기관에 따라 다소간의 차이가 있기는 하지만, 서울 · 수도권 보다는 지역시장의 조정이 불가피할 것으로 보고 있다. 지방시장의 조정폭이 커지는 '상고하저'가 예상되고 있다. 부동산 포털에서 실시한 '2016년 상반기 부동산 시장 전망'에 대해 조사 대상자의 43.9%가 2016년 상반기 부동산 경기가 하락할 것이라고 응답했다. 부동산 경기가 부정적일 것으로 답한 응답자들은 부동산 경기 하락의 가장 큰 요인으로 '주택 수요 대비 공급 물량 증가로 인한 수급 불균형 지속'(32.1%)과 '경제성장률 둔화 등 경기불확실성 지속'(27.5%)을 꼽았다.

올 한해 부산지역의 주택시장 역시 '성장 속 위기'가 예상된다. 그 안에 2016년 부산 주택시장의 키워드가 숨어 있다. 금융결제원에 따르면 작년 12월부터 지난 5일까지 전국에서 공급된 92개 단지 중 평균 10대 1 이상의 1순위 청약 경쟁률을 보인 단지들은 모두 서울과 대구·부산 등에 있었다. 최근 몇 년간 지핀 부산지역 분양시장의 군불이 여전하다. 그러나 그 여파 때문에 올 해가 어쩌면 부산 주택시장의 변곡점이 될 수 있다는 점을 간과해서는 안된다. 누군가는 분양권 전매로 재미를 봤을 수 있지만, 누군가는 분양권 폭탄의 '마지막 피해자'가 될 수도 있기 때문이다. 문제는 그 피해자가 부산지역의 실수요자 일 수 있으며, 가격 조정의 여파가 정부의 부채관리 강화와 맞물리면 상황은 급격하게 나빠질 수 있다. 낙관만 할 수 없는 부산 주택시장의 변화는 이미 시작됐다.

'호모 헌드레드'와 주거

유엔은 2009년 '세계인구고령화(World Population Aging)'라는 보고서를 발표했다. 이 보고서에서 평균 수명이 80세를 넘는 국가가 2000년에는 6개국 뿐이었지만 2020년에는 31개국으로 급증할 것으로 예상하며 이를 '호모 헌드레드(homo hundred) 시대'로 정의하고 있다.

바야흐로 100세 시대인 셈이다. 100세를 산다고 단순히 오래 사는 것이라고 이해하면 오산이다. 오래 사는(living longer) 것이 아니라 잘 사는(living well) 것이다. 따라서 웰빙(well-being) 고령화 시대로서의 '100세 시대'는 '질병 없이 건강하게 오래살기(無病長壽)'를 의미한다. 이것은 단순히 개인의 노력만으로 되지 않는다. 기존의 80세 시대의 패러다임을 100세 시대의 프레임으로 새롭게 만들어야 한다. 그런 의미에서 정책 패러다임의 변화가 수반되어야 한다.

정부는 2011년 '100세 시대'를 새로운 정책 아젠다로 제시하였다. 이에 따라 정책적 변화의 필요성과 방향에 대한 논의가 진행되고 있다. 65세 이상의 노인인구 비중은 2011년 현재 11.4%다. 부산시는 11.7%로 7대 도시 가운데 가장 높다. 중구의 경우에는 노인인구 비중이 약 14%에 달한다. 고령화 속도가 가장 빠른 부산의 100세 시대는 그래서 다른 도시에 비해 의미가 남다르다고 할 수 있다. 100세 시대의 도시·주거와 관련해서는 어떤 목표와 과제들이 검토되고 있을까?

건강(돌봄), 안전(배려), 참여(일자리, 봉사), 쾌적한 환경(여가) 측면에서 100세 시대에 대응한 주거관련 실천목표와 추진 과제를 살펴보면 다음과 같다. 건강측면에서는 재가 서비스와 1~2인 노인가구 증가에 따른 다양한 고령자 주택, 건강주택 등이 요구된다. 1인 가구의 경우는 현재 구성비가 25.3%로 가구 유형 가운데 가장 비중이 높다. 안전측면에서는 고령자를 배려한 주택의 개조가 요구된다. 주거 불편 해소차원의 디자인과 개조의 필요와 유지관리의 용이성이 함께 검토 되어야 한다. 고령자의 생활 패턴을 배려한 노인전용주택의 공급 확대 역시 이러한 맥락에서 검토될 필요가 있다. 참여 측면에서는 커뮤니티 활동의 참여를 높이고 노인이 노인을 돌보는 '노노케어

(老老Care)'로서의 재가 관련 일자리 확대 등이 요구된다. 쾌적한 환경측면에서는 노인의 건강을 위한 텃밭 및 집 주변에 걷는 길 조성과 편의시설에 대한 접근성 제고 등의 물리적 개선이 검토될 수 있다.

이상의 실천 목표와 과제를 통한 100세 시대를 대비한 주거분야의 정책방향과 관련해서는 다음과 같이 제안되고 있다. 첫째, 쾌적하고 부담 가능하며 독립적인 주거생활이 가능해야 한다. 이를 위해 고령계층이 안전하고 편안한 주택 및 주거환경을 부담 가능한 수준에서 누리면서 건강하고 독립적으로 활기찬 생활 여건 마련이 필요하다. 둘째, 지역 사회와의 상호 연계를 통한 주거생활을 위해 공동체 및 가족과의 연대감 증대와 고령계층의 요구에 부합하는 서비스의 제공 및 세대간 교류의 확대가 요구된다. 셋째, 민관협력에 의한 주거 및 복지정책의 연계를 통한 실효성 있는 민관협력 기반 구축을 통한 정책 마련이 필요하다. 주택문제는 이제 주거와 복지 정책을 융합에 근거해야 한다. 작금의 인구구조 변화가 그렇게 요구하고 있다.

Chapter 03

아파트 경제학

서울시 아파트의 평균 가격이 6억을 넘었다. 서울 강남의 평균 아파트 가격은 8억 수준이다. 우리나라의 아파트 값을 다 합치면 얼마나 될까? 바로 아파트 가격이 갖는 가치의 규모다. 우리나라에서 거래되는 아파트의 총액은 얼마나 될까? 지역별로 어떤 차이가 있을까? 아파트가 갖는 경제적 가치, 아파트 가치로서 가격이 갖는 아파트의 경제학적 의미를 살펴본다.

아파트 시가총액

우리나라 아파트의 시가총액을 합치면 얼마나 할까? 시가총액[25]이란 '거래되는 시가로 평가된 금액의 총액'이다. 대부분 주식과 관련해서 많이 언급된다. 따라서 아파트 시가총액은 '시가로 거래되는 아

---

25) 주식시장이 어느 정도의 규모를 가지고 있는가를 나타내는 지표이다. 따라서 다른 금융자산과의 비교, 주식시장의 국제비교에도 유용하다. 시가총액의 증감과 다른 주가지수를 비교함으로써 주가변동의 내용을 알 수 있다. 예를 들어 다우 평균주가는 값이 높은 소형주 움직이면 크게 변동하지만 시가총액은 그다지 변동하지 않고, 오히려 저위(低位)의 대형주 움직였을 때에 증감이 커진다. 시가총액의 통계는 상장회사가 많아지면 당연히 커지는데, 장기적으로 연속시킨 통계는 없다. (출처: [네이버 지식백과] 시가총액 [aggregate value of listed stock, 時價總額] (두산백과))

파트 가격의 총액'이라고 할 수 있다.

2018년 5월 현재 우리나라 아파트의 시가총액은 2,497,250,034백만원이다. 대략 2천 4백 97조원 규모인 셈이다. 전세 시가 총액은 1,676,029,875백만원 규모로 이 역시 대략 1천 6백 76조원이다. 매매가격 대비 전세가격비율을 의미하는 전세가율은 대략 67.4% 수준이다(부동산 114 REPS 3.0 자료).

2018년 한 해 동안의 우리나라 국가예산이 429조[26]인 것을 감안할 때 우리나라 아파트 시가총액은 국가예산의 약 5.8배에 달하는 규모다.

부동산 114가 2000년 이후 발표하고 있는 우리나라 아파트 시가총액 자료에 따르면 2000년 12월 우리나라 아파트 시가총액이 371조 규모 수준이었음을 감안하면 2000년에 비해 2018년 5월 아파트 시가총액의 규모는 약 6.7배 정도 커진 규모라고 할 수 있다.

반면 전세시가는 2000년에 비해 2018년 5월 7.8배 수준 커졌다. 전세/매매비율은 2000년 58%에서 2015년 73.1%였다가 2018년 5월 현재 67.1%로 오히려 낮아졌는데 이것은 2015년에서부터 2018년 사이 전세값보다는 매매값이 더 많이 상승했음을 의미한다.

〈표〉 우리나라 아파트 매매 및 전세 시가와 전세/매매 변화 추이

년도	매매시가 총액(억원)	전세시가 총액(억원)	전세/매매
2000년 12월	3713724.63	2154355.19	58.0
2010년 12월	16205903.16	7826746.92	48.3
2015년 12월	20044544.91	14658959.61	73.1
2018년 05월	24972500.34	16760298.75	67.1

26) 이코노미톡뉴스(2017.12.05). [2018년 예산 429조] 큰 정부, 복지 · 부자증세. http://www. economytalk.kr/news/articleView.html?idxno=154541

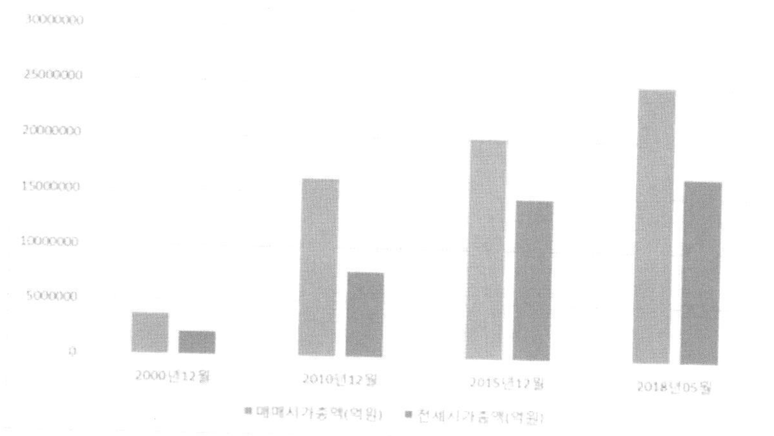
30000000
25000000
20000000
15000000
10000000
5000000
0
2000년12월
2010년12월
2015년12월
2018년05월
매매시가총액(억원)
전세시가총액(억원)

<그림> 우리나라 아파트 매매 및 전세 시가 총액 변화 추이

아파트 거래총액

2018년 4월 한 달 동안 거래된 우리나라 아파트의 거래총액은 2조 2천4백억 수준이다(부동산 114 REPS 3.0 자료). 서울시는 4천 8백억 수준으로 거래됐다. 전국 거래 총액의 21.4% 수준이다. 가장 많은 거래 총액을 보인 지역은 경기도다. 7천 1백억 수준으로 전국 거래 총액의 32% 수준이다.

2017년 한 해 동안 거래된 우리나라 아파트 거래 총액은 17,084,966,239만 원이다. 대략 170조 원 규모다. 7년 전인 2010년에는 약 100조 규모였다. 7년여 만에 거래 규모가 70조 정도 증가했다.

지역별로는 서울시의 거래 총액 비중이 가장 크다. 2010년 20.8%에서 2017년 35.9%로 15.1%p 증가했다. 경기도 역시 2010년 23.9%에서 2017년 28.4%로 증가했으나 증가폭은 4.5%p 증가하는데 그쳤다. 서울과 경기지역의 거래 총액 비중은 2010년 44.7%에서 2017년

64.3%로 19.6%p 증가했다. 이것은 2010년에 비해 서울과 경기지역 아파트 가격이 상대적으로 오른 상태에서 거래량도 많다는 것을 의미한다.

서울과 경기 지역을 제외하고 거래 총액이 높은 곳은 부산시다. 부산시의 경우 2010년 거래 총액이 전체의 10.2%로 서울과 경기지역을 제외하고는 가장 높았다. 그러나 부산시의 2017년 거래 총액 비중은 5.4%로 서울과 경기지역을 제외하고 가장 높은 대구의 5.9%보다 낮은 것으로 나타났다.

〈표〉우리나라 지역별 아파트 거래 총액(2010년, 2017년)

(단위: 만원)

구분	2010년	비율	2017년	비율
서울특별시	2,109,570,840	20.8	6,133,746,467	35.9
경기도	2,423,022,144	23.9	4,849,260,176	28.4
부산광역시	1,035,709,019	10.2	921,870,532	5.4
대구광역시	570,465,491	5.6	1,002,894,498	5.9
인천광역시	454,703,843	4.5	917,708,879	5.4
광주광역시	374,752,633	3.7	456,156,694	2.7
대전광역시	436,093,586	4.3	432,993,786	2.5
울산광역시	309,615,140	3.1	239,721,559	1.4
강원도	200,785,825	2.0	215,380,563	1.3
경상남도	756,315,428	7.5	473,334,251	2.8
경상북도	285,889,468	2.8	263,089,750	1.5
전라남도	175,535,204	1.7	253,574,948	1.5
전라북도	286,882,992	2.8	273,632,419	1.6
충청남도	398,058,610	3.9	284,405,254	1.7
충청북도	262,095,441	2.6	211,551,256	1.2
제주도	32,266,034	0.3	46,371,374	0.3
세종특별시	35,900,356	0.4	109,273,833	0.6
전국	10,147,662,054	100.0	17,084,966,239	100.0

자료: 부동산 114

이것은 2017년 서울과 경기지역의 부동산 시장이 상대적으로 다른 지역 시장에 비해 거래가 활성화되었음을 의미하며, 상대적으로 서울과 경기지역 시장을 제외한 나머지 시장은 거래 총액 비중이 높지 않을 만큼 활성화되지 못했음을 의미한다. 주목할 것은 부산의 거래 비중이 2010년에 비해 낮아진 반면 대구, 인천 등의 시장이 상대적으로 확장 되고 있음을 알 수 있다.

2010년과 2017년 사이의 유의미한 변화는 거래 총액 비중도 감소하면서 거래 총액 규모 자체도 줄어든 지역이 있는 반면, 거래 비중은 줄었지만 거래 총액 규모는 늘어난 지역도 있다는 점이다.

대전, 울산, 경상남도, 경상북도, 전라북도, 충청남도, 충청북도 등은 거래 총액도 줄고 따라서 거래 총액 비중도 줄어든 반면 광주, 강원도, 전라남도, (제주도), 세종시 등은 거래 총액 자체는 늘었지만 거래총액 비중은 떨어진 지역들이다.

2018년 들어 이러한 지역 시장의 강세는 관련 기사를 통해서도 확인할 수 있다. "부동산114에 따르면 2017년 전국 아파트 매매거래 총액 규모 170조원 가운데 대구는 거래 총액 10조원을 기록해 서울(61조원), 경기(48조원)에 이어 3위에 올랐다. 인구 및 시장 규모가 대구보다 큰 부산과 인천이 각각 9조원대에 머물러 대구는 관련 조사 이래 처음으로 지방 아파트 시장에서 거래 총액 1위를 차지"[27]했기 때문이다. 뿐만 아니라 분양시장의 호조세 또한 아파트 거래를 늘리는 요인으로 작용하고 있다.

"매매거래뿐 아니라 청약시장에서도 전국 최고 수준의 열기를 보이고 있다. 수성구 투기과열지구 지정과 광역시 민간택지에 대해 전매제한조치 등 규제 강화에도 불구하고 지난해 9월 이후 19만 명 이상 청약자가 몰려 대구는 전국 최고 수준(56.1대 1) 청약률을 기록했

---

27) 국민일보(2018.04.25). 고공행진 대구 아파트시장, 부산 제쳤다… 거래총액 10조 돌파. http://news.kmib.co.kr/article/view.asp?arcid=0923939064&code=11151500&cp=nv

다. 이 같은 대구 아파트 시장의 상승세는 1차적으로는 수요 대비 신규 공급이 부족했던 지역 상황을 반영하고 있다. 투기과열지구 지정에도 불구하고 조정대상지역에서는 제외돼 다주택자 양도세 중과 규제를 받지 않는 점도 규제 폭탄을 피해 부산 부동산 시장을 이탈한 투자 수요 흡수에 도움이 된 것으로 분석된다. 다만 실거래량 증가보다는 가격상승으로 거래 총액이 불어났다는 점에서 '거품'을 우려하는 목소리도 나온다"[28]는 것은 그만큼 실수요에 기반 하지 않았다는 점에서 이러한 호조세가 지역 시장의 거품을 조장하고 있다는 지적은 일부 지역 시장의 경우 반면교사로 삼을 필요가 있다.

지난해 아파트 매매금액 174조원⋯'20%'나 뛰었다

지난해 모처럼 부동산경기가 활기를 띠면서 전국 아파트 매매거래 시가총액과 전세거래 시가총액이 각각 전년보다 20%, 53% 큰 폭으로 증가했다. 매매·전세 거래량은 수도권 중심으로 크게 늘었다.

부동산 리서치 전문업체 리얼투데이는 국토교통부의 '2015년 아파트 실거래가' 자료를 분석한 결과, 2015년 거래된 아파트 시가총액은 총 174조4791억원으로 나타났다. 이는 지난 2014년 보다 20.3%(29조5256억원) 증가한 수치다.

작년 시·도별 아파트 매매거래 시가총액을 살펴보면 서울이 53조950억4450만원으로 거래금액이 가장 많았다. 이어 ▲경기도 51조7854억원 ▲부산시 14조994억원 ▲인천시 10조2242억원 ▲대구시 8조175억원 순이다.

시·군·구별로는 서울 강남구가 6조5353억6232만원으로 거래금액이 가장 많았다. 이어 서초구가 4조6862억원, 송파구가 4조6674억원으로 강남권 거래금액이 가장 높았다.

---

28) 국민일보(2018.04.25). 고공행진 대구 아파트시장, 부산 제쳤다⋯ 거래총액 10조 돌파.

29) 청년일보(2016.01.08.). 지난해 아파트 매매금액 174조원⋯'20%'나 뛰었다. https://m.post.naver.com/viewer/postView.nhn?volumeNo=3335127&memberNo=25584196&vType=VERTICAL

시·군·구별로는 서울 강남구가 6조5353억6232만원으로 거래금액이 가장 많았다. 이어 서초구가 4조6862억원, 송파구가 4조6674억원으로 강남권 거래금액이 가장 높았다.

2014년 대비 아파트 매매 실거래가 시가총액이 가장 많이 증가한 지역도 서울 강남구로 1조 4737억원이나 올랐다. 이어 ▲송파구 1조3913억원 ▲강서구 1조3610억원 ▲부산시 해운대구 1조1675억원 ▲서울 양천구 1조568억원 ▲마포구 1조443억원 순으로 증가했다.

지난해 아파트 총 거래량은 2014년 대비 10%(6만1171건) 증가한 66만1717건이다. 시·도별로는 경기도가 18만6352건으로 가장 많았으며 ▲서울시 11만1294건 ▲부산시 5만7909건 ▲인천시 4만4487건 ▲경남 4만3435건 ▲대구시 3만520건 순이다.

시·군·구별로는 서울시 강남구가 5조9661억원으로 아파트 전세거래 시가총액이 가장 높았다. 이어 ▲서울시 송파구 4조7434억원 ▲서울시 서초구 4조2094억원 ▲성남시 분당구 3조3777억원 ▲서울시 양천구 2조5043억원 ▲서울시 노원구 2조4541억원 등 서울 내 학군 강세지역들을 중심으로 높은 수치를 기록했다.

2014년 대비 2015년 아파트 전세거래 시가총액이 가장 많이 증가한 지역은 부산시 해운대구로 1조3616억원이나 늘었다. 이어 ▲성남시 분당구가 1조972억원 ▲서울시 서초구 9693억원 ▲서울시 강남구 8038억원 ▲서울시 노원구 7601억원 등의 순이다.

2015년 전세거래량은 55만8744건으로 2014년에 비해 11.26%(5만6540건) 증가했다. 시·도별로는 경기도가 16만1100건으로 가장 많았다. 이어 ▲서울시 12만1996건 ▲부산시 4만1249건 ▲인천시 3만7455건 ▲경남 3만789건 ▲충남 2만665건 등이다.

시·군·구별로는 서울시 노원구의 전세거래가 1만1553건으로 가장 많았다. 이어 ▲서울시 강남구 1만728건 ▲경기도 남양주시 1만603건 ▲서울시 송파구 1만3건 ▲성남시 분당구 8505건 등의 순이다.

면적별로는 전용면적 59㎡ 초과~85㎡ 이하가 33만4693건으로 가장 인기가 높았다. 금액별로는 2억원대 전세아파트가 15만9803건으로 거래량이 가장 많았다.
조은아 기자 eunah@newswhy.co.kr

참고문헌

경향신문(2018.06.25). '8 · 2 대책'에도 서울 아파트값 14.3% 올라. http://biz. khan.co.kr/khan_art_view.html?artid=201806252117005&code=920202

국민일보(2018.04.25). 고공행진 대구 아파트시장, 부산 제쳤다… 거래총액 10조 돌파. http://news.kmib.co.kr/article/view.asp?arcid=0923939064&code=11151500 &cp=nv

네이버지식백과. 시가총액. https://terms.naver.com/entry.nhn?docId=1117791&cid =40942&categoryId=31830

동아일보(2011.07.06). 강남 거주 30, 40대 여성 8570명 소비형태 분석해보니. http://news.donga.com/3/all/20110706/38575755/1

이코노미톡뉴스(2017.12.05). [2018년 예산 429조] 큰 정부, 복지 · 부자증세. http://www.economytalk.kr/news/articleView.html?idxno=154541

오미영(2013). 『커뮤니케이션』. 커뮤니케이션북스.

신우진 외(2013). 『부동산학개론』. 이프레스.

정인숙(2013). 『커뮤니케이션 핵심 이론』. 커뮤니케이션북스.

청년일보(2016.01.08.). 지난해 아파트 매매금액 174조원…'20%'나 뛰었다. https://m.post.naver.com/viewer/postView.nhn?volumeNo=3335127&memberNo= 25584196&vType=VERTICAL

부동산114. 렙스(Reps) 3.0

'규제의 역설'과 부동산시장

'이생망', 어른들은 잘 모르지만 젊은 사람들이 줄여서 쓰는 단어 중 하나다. 뜻은 이렇다. '이번 생은 망했다' 작금의 부산 부동산시장이 이렇다. 넓게는 수도권 이외 지역 시장이 전반적으로 그렇다. 기저효과가 겹친 때문인지 역대 최악이다. 가격은 오른 상태에서 거래는 없다. 아예 가격도 별반, 거래도 별반이면 원래 그런가 보다라며 참을 수나 있다. 그런데 가격은 올랐는데, 거래가 없다면 뻔한 거다. 가격이 떨어질 일만 남은 것이다. 이런 탓에 시장에서는 "어쩌란 말이냐"는 소리가 절로 나온다. 그렇다면 부산 부동산시장은 이대로 망할까? 망하도록 놔두어야 하나? 당분간의 분위기는 이렇게 흘러갈 듯싶다. 왜냐하면 6.13 지방선거가 한 달 남짓 뒤다. 어떻든 한 달 뒤에는 뭔가 다른 상황이 될 것이라는 막연한 기대감이 시장에 팽배하다.

서울 강남은 올랐고 지방은 하락의 징후가 농후하다. 서울은 뜨겁고 지방은 식고 있다. KB국민은행에 따르면 최근 1년 동안 전국 시·군·구 가운데 아파트 값이 가장 많이 오른 곳은 서울 강남구로 집계됐다. 강남구는 이 기간 동안 14.18% 상승했다. 경상남도는 지난 1년간 4.58% 하락했다. 특히, 성산구는 10.87% 떨어졌다. 전국 시·군·구 중 유일한 두 자릿수 하락률이다. 부산도 예외 아니다. 2017년 10월 이후부터 미미하지만 계속 하락하고 있다. 전세값은 이보다 빠른 2017년 7월부터 마이너스(-)다. 일부 아파트는 역전세 현상이 나타나고 있다.

'규제의 역설'이란 말이 있다. 미국 시카고 대학의 선스타인(Case R. Sunstein) 교수는 '정부에 의해 만들어진 규제가 실제 집행되는 과정에서 의도와는 달리 반대의 효과가 발생하는 현상'을 일컫는 말이라고 규정한 바 있다. 물량 부족이 누적됐던 강남이 문제인 정부의 8.2 대책 등과 최근 양도세 및 보유세 인상 여파로 '똘똘한 한 채' 보유 경향이 만들어지면서 서울과 수도권은 올랐고 그 반대급부로 지방은 하락 국면이 가속화되고 있다. 강남 잡으려다 못매는 지역에서 다 맞고 있는 셈이다.

올랐다면 내릴 수 있다. 조정국면은 시장의 연착륙을 위해서도 바람직하다. 그런데 실상은 그렇지 않다. 최근의 공급과잉이 문제다. 만약 이대로라면 지역 시장은 당분간 침체가 불가피하다. 물론, 반전의 기회도 있다. 지방 분권으로서 지역에 맞는 맞춤형 주택 거버넌스(Housing Governance)가 대안일 수 있다. 6.13 지방선거가 그런 터닝포인트 가운데 하나다.

수익형부동산에 대한 새로운 정의

부동산은 '토지 위에 부착된 정착물'을 말한다. 부동산 상품의 경제적 가치로서의 이득은 자본이득(capital gain)과 임대소득(income gain)으로 구분된다. 내가 거주하고 있는 부동산인데 매입당시 가격보다 가격이 올라 처분할 때 차액이 생겼다면 그때의 이익이 자산증가로 얻은 자본이득이다. 반면, 내가 거주하고 있는 부동산이외의 부동산을 임대해서 얻은 소득이 임대소득이다. 따라서 수익형부동산을 통한 소득은 임대소득을 말한다. 내가 거주하고 있는 부동산 이외의 부동산 운영을 통해 얻은 소득인 셈이다.

임대소득을 얻을 수 있는 수익형부동산에는 어떤 종류가 있을까? 우선 떠오르는 대표적인 부동산 상품이 오피스텔, 상가다. 여기에 1억에 20% 고수익, 연 5% 희망 수익률 등 일정 수익률을 보장한다는 신문광고로 유명한 가구가 갖추어진 서비스드 레지덴셜 형태의 분양형 호텔도 있고 굴뚝 없는 공장인 아파트형 공장도 있고 사무실로서의 오피스도 여기에 해당된다. 요즘에는 B&B 형태의 게스트하우스로 이용되는 관광지 인근 소형 아파트나 단독주택 등 다양하다.

그러나 이러한 분류는 부동산 상품의 나열일 뿐 엄밀히 말해 수익형부동산 상품이 아니다. 그런 의미에서 수익형부동산의 의미와 정의는 명확하게 다시 쓰여져야 한다. '수익을 내는 부동산'으로 한정되어야 한다. 왜냐하면 수익형부동산으로 소개되거나 알려진 상품들 가운데 수익을 내는 것도 있지만, 그렇지 않은 것이 더 많다. 그렇다면 왜 기존 수익형부동산 상품들은 수익을 내지 못할까? 결론은 공급과잉 때문이다. 너무 많이 공급되었고, 수익이 나지 않는 곳에, 또는 수익이 나지 않을 상품을 지역 특성이나 시장 분위기에 맞지 않게 공급한 것 원인이다. 그렇다면 수익형부동산에 대한 수요와 공급의 불일치는 왜 생기는 것일까? 수익형부동산을 필요로 하는 베이비부머의 은퇴와 수익형부동산에 대한 투자로서의 관심이 수익형부동산시장을 포화 상태로 만들었다. 지역적으로 다소 차이가 있기는 하지만 아파트 청약시장에서의 분양권 전매 등이 호조를 보이면서 소규모 개발업자들의 발 빠른 수익형 부동산 상품의 공급 확대가 일부 시장의 수요를 확대시키는 배경으로 작용했다.

이에 따라 앞으로 수익형부동산은 부동산 상품의 종류와 분류에 따라 구분되는 것이 아니라 '임대수익을 낼 수 있는 상품'에만 한정된다. 수익을 낼 수 있는 수익형부동산 상품을 고르는 안목은 전적으로 부동산투자자 개인들의 시장에 대한 식견으로부터 가능하다. 부동산도 이제부터는 과학인 셈이다.

시장 모니터링을 통해 본 부산 아파트 시장 동향

부산 아파트 시장에 대한 규제 해제와 관련해 2018년 12월 28일 정부는 부산시 청약조정지역 7곳 가운데 해운대구, 동래구, 수영구를 제외하고 부산진구, 남구, 연제구, 기장군 일광면은 해제한 바 있다. 이후 지난 21일 주택도시보증공사(HUG)는 부산시 남구 및 연제구의 고분양가 관리지역을 해제했다. 또한, 28일 청약조정지역에서 해제된 부산진구는 영도구, 기장군과 더불어 미분양관리지역으로 지정됐다.

현재 부산 아파트 시장은 어떻게 움직이고 있고 이러한 규제의 변화를 아파트 시장 측면에서는 어떻게 봐야할까? 시장에 대한 모니터링을 통해 작금의 부산 아파트 시장을 진단해 본다. 우선, 청약 조정 대상지역에서 해제되었다는 것은 직전월부터 소급해 3개월 간 해당지역 주택가격상승률이 시도 소비자물가 상승률의 1.3배를 초과하지 않은 상태에서 청약경쟁률이 직전 2개월 동안 5:1을 초과하지 않았거나, 직전월부터 소급해 3개월간 분양권 전매거래량이 전년동기대비 30%이상 증가하지 않는 등의 선택 요건을 충족했다는 점에서 시장 자체가 과열되지 않은 상태라는 것이다. 또한, 고분양가 관리지역 해제는 고분양가 관리지역 내 아파트 3.3m2당 분양가격이 '지역기준'과 '인근기준' 가운데 하나가 최근 1년 내 최고 평균 분양가를 초과하지 않는 다는 것을 의미한다는 점에서 착한 분양가는 아니지만 추가로 분양가격이 최고치를 넘지 않았다는 것이다. 여기에 미분양관리지역이 해제 됐다는 것은 미분양 우려에 따른 위험성이 해소됐다는 시그널로 받아들일 수 있는 대목이라는 점에서 시장 분위기 상 과열될 가능성이 많지 않다는 것으로 이해될 수 있다.

부동산 114 자료에 따르면 최근 부산시의 아파트 매매가격은 2017년 10월부터 17개월 하락세를 지속해 왔다. 전세가격은 매매가격보다 3개월 빠른 2017년 7월부터 연속 20개월 하락하고 있다. 하방압력이 여전한 하락장세인 셈이다. 이런 이유때문인지 부산지역의 미분양 아파트 물량이 지속적으로 증가하고 있다. 1년여 전인 2018년 1월 현재 22291세대였던 미분양 아파트가 2019년 1월 현재는 5224세대로 2933세대로 1년 전에 비해 2배 이상 증가했다.

아파트 가격 하락은 누군가에게는 내 집 마련의 기회다. 그러나 더 떨어질 수 있다는 기대감은 실질거래의 증가보다는 대기 수요로 남아 거래 시장의 침체를 더욱 부추긴다. 여기에 지역 해운 · 조선 · 기계 등 기간산업의 침체는 관련 산업 종사자들의 실질 소득 감소로 이어져 주택수요의 확장성을 가로 막고 있다. 이에 부산시가 재차 건의하려는 해운대구, 동래구, 수영구 등 나머지 청약조정대상지역 해제에 대한 정부의 판단이 어떻게 결론 날지 지켜볼 일이다.

공시지가 인상 카드 꺼낸 정부의 오산

부산에 태풍이 지나간 8월 넷째주 서울 아파트 값은 7달 만에 가장 큰 폭으로 올랐다. 반면 부산은 2017년 10월 이후 지속 하락세가 이어지고 있다. 박원순 서울시장이 여의도와 용산 개발을 언급한 이후 서울 아파트 가격의 인상폭은 더욱 가파르다. 정부는 서울시의 입장과는 다르게 여의도와 용산 개발과 관련해서는 정부와 협의가 필요한 일이라며 단독 추진 불가 입장과 더불어 속도 조절을 제안했지만, 서울시는 서울시의 일이라며 협의 불가 입장을 재 표명했고 시장은 이미 박원순발 '카더라' 통신을 기정사실로 받아들인 상황이다.

가격 상승에 탄력 받은 서울 시장은 여전히 오르고 하락하는 지방 시장은 여전히 하락폭이 커지고 있는 상황에서 정부는 공시지가 인상 카드를 꺼냈다. 정부는 왜 공시지가 인상을 이 시점에 언급했을까? 정부가 매년 1월 1일 기준으로 발표하는 공시지가는 재산세, 종합부동산세 등 부동산 보유세 부과의 기준이 된다. 김현미 장관의 공시지가 인상 발언은 따라서 현재의 공시지가를 최근의 아파트 가격 상승과 맞물려 상승한 만큼 인상시켜 '현실화' 하겠다는 엄포이다. '소득'이 있는 곳에 '과세'한다는 원칙을 다시 한 번 확인한 셈이기도 하다. 그럼에도 불구하고 이 당연한 원칙은 가격이 오르는 시점에서 오르는 시장을 제어하겠다는 정부의 과세 엄포 카드로 읽힌다는 점에서 타이밍도 나쁘고 시장에 미치는 효과도 미미할 것으로 예상된다.

공시지가 인상 카드는 당연히 가격이 오르는 서울 시장을 겨냥한 것이다. 가격이 떨어지는 곳을 대상으로 삼을 필요가 없기 때문이다. 오르는 시장 분위기를 반전시켜 더 이상 오르지 않게 하겠다는 것이다. 그럼에도 불구하고 공시지가 인상 발표 타이밍도 나쁘고 효과도 미미할 뿐만 아니라 오히려 시장에 부정적인 영향을 미칠 것으로 보인다. 이유는 이렇다. 첫째, 세금이 오르는 것보다 가격 상승폭이 크고 더 오를 것이라고 판단되면 시장 참여자는 더 많아질 수 있기 때문이다. 그 만큼 가격 상승세가 더 가속화 될 수 있다. 둘째, 정부의 이 시점에서의 과세 인상 카드는 오히려 추가적인 가격 상승 가능성에 대한 믿음을 주는 시그널로 작용할 수 있다. 셋째, 공시지가 인상폭은 차후 임차인들의 전·월세 가격 인상 등에 전가될 수 있다. 이것은 다시 시장을 교란시키는 배경이 될 수도 있다. 넷째, 지역별 역차별이다. 가격이 오르는 시장은 서울인데, 과세 인상에 따른 피해는 고스란히 지역에서도 받는다는 점이다. 강남 등 특정 시장에 대한 정부의 기민한 반응이 어떤 효과를 나타냈는지 지난 정부들의 패착을 반면교사 삼을 일이다.

'공원+공기 세력권', 공세권 아파트

아파트를 선택하는 기준은 필요에 따라 각기 다르다. 출퇴근 시 대중교통 이용을 중시한다면 역세권을, 자녀가 있다면 '학군 세력권'으로서의 학세권을 선호할 수 있다. 요즘에는 혼밥 경향 등으로 아파트 가까운 곳에 편의점이 많은 '편의점 세력권'으로서의 편세권을 선호하기도 한다. 아파트를 선택하는 기준은 이렇듯 특정 세력권의 선호와 관련해 역세권, 학세권, 편세권 등 다양하다.

공세권은 애초 '공원 세력권'을 의미했다. 단지 내 공원이 있으면 산책 등을 할 수 있고 아파트 인근에 도시계획시설로서의 공원이 있다면 그만큼 열린 조망권이 형성될 수 있는 이점까지 있기 때문이다. 거기에 일단의 조경을 통해 나무가 식재되어 있다면 햇빛을 피할 수 있는 그늘과 맑은 공기를 호흡할 수 있다는 점에서 선호되었다. 그러나 최근에 공원 세력권으로서의 공세권은 '숲세권(숲 세력권)'에 밀린다. 오히려 일단의 나무 식재 등을 통한 공원보다는 대단위 숲을 통한 만족도가 더 높기 때문이다.

반면에 공세권은 단순한 공원세력권이 아닌 '공기 세력권'으로까지 의미가 확장되고 있다. 미세먼지가 사회 재난으로 결정되면서 이러한 경향은 더욱 강해졌다. 거주하는 아파트가 강이나 하천 또는 계곡 등 바람길 옆에 있다면 공기의 순환에 이롭다. 나쁜 공기가 빠르게 빠지고 아파트 안팎의 공원을 통해 공기가 순환된다면 더욱 좋다. 이뿐 아니다. 맑은 공기에 대한 개인적 선호와 사회적 트렌드가 합쳐지면서 새로운 추동력을 얻은 탓인지 업체의 마케팅 또한 공기의 질을 겨냥하고 있다. 미세먼지 발 공기의 질 문제는 아파트 내부 공간 및 전용공간까지 확대되고 있다. IoT(사물인터넷)와 AI(인공지능) 등 기술적 진보로서의 4차 산업혁명시대를 맞아 아파트 내부의 공기를 정화해 순환시키는 것은 물론 외부에서 묻혀온 미세먼지를 아파트 동 입구나 세대입구에서부터 바람을 통해 털어내기 까지 한다. 가구 내에서 음식물을 만들면서 발생하는 미세먼지까지 찾아내 해결한다.

깨끗한 공기에 대한 선호는 단순히 미세먼지에 대한 위험성 때문이 아니더라도 지속될 것으로 보인다. 왜냐하면 우리 사회의 인구구조 변화가 점차 고령화되면서 학세권이나 편세권, 맥세권(패스트푸드 세력권), 스벅권(프리미엄 커피 세력권) 등 특정 연령의 제한적 선호를 넘어 연령대별 선호 스펙트럼이 넓기 때문이다. 가끔 이용하는 것들보다 매일 호흡하는 공기의 중요성에 대한 상품적 가치가 더 크기 때문이다. 기업들이 '공기'에 집중하는 이유이기도 하다.

2018년, 부산 분양시장 길을 찾다

　최근 부산 주택시장의 분위기를 어떻게 봐야 할까? 부동산관련 업계에 있는 관련 종사자는 물론 일반 소비자들에 이르기까지 이목이 부산 시장에 집중되고 있다. 이목이 집중되는 이유되는 이유는 이렇다. 분양시장 등 부동산시장의 뜨겁기로는 둘째가라면 서러워했던 부산이 시간이 지날수록 시장의 피로도가 가중되고 있다. 이런 이유로 부산 일부 지역은 거래가 끊기고 하락 장세가 지속되자 시장을 살리기 위해 국토부에게 '위축지역' 지정 청원이 들어가는 상황이다. 그런데 2018년 올 한 해 부산지역 아파트 분양물량은 16년 만에 최대 물량이 대기하고 있다. 지난 13일 언론의 발표에 따르면 연말까지 부산에서 분양 예정인 물량(임대 · 오피스텔 제외)은 3만 8천 671가구(부동산114)로 집계됐다는 것이다.

　과연 작금의 부산시장은 어디로 갈까? 부산 시장에 부동산업계의 이목이 집중되는 이유다. 전국 최고 수준의 청약경쟁률을 보인 부산지이지만, 분위기가 꺾인 지금의 상황에서 이 정도 물량은 만만치 않다는 것이다. 결국 청약 결과라는 뚜껑을 열어봐야 알겠지만, 결과에 따라서는 하락폭이 둔화될 수 있는 모멘텀을 마련하겠지만, 그렇지 않을 경우 낙폭이 더 커질 수 있다는 점에서 시장은 자못 그 추이를 주시하고 있다.

　뚜껑이 열리기 전이지만 몇 가지 예측은 가능하다. 첫째, 초과 공급 여파다. 올 해 분양 계획 물량이라는 3만 8천여 세대와는 별도로 부동산 114 자료에 의하면 올 해 부산시내 입주예정 물량이 1만 5천여 세대다. 이미 2~3년전 에 분양된 것이 입주를 앞두고 있다. 2019년 입주예정 물량은 2만 4천여 세대에 이른다. 여러 가지 이유로 가격이 조정 받는 상황에서 이렇게 많은 물량이 쏟아지면 하락폭이 커질 수밖에 없다. 둘째, 투기적 수요에 의한 시장 왜곡이다. 현재 공급을 앞둔 분양 아파트들은 지존 주거지 중심 지역 내 재개발사업을 통해 공급되는 것들이 대부분이다. 해운대구, 부산진구 등 청약 광풍이 불었던 관심지역들이다. 일반인들의 관심이 높을 수밖에 없는 곳들이다. 그러니 이참에 마지막 재미 보겠다는 투기적 수요로서의 청약이 많을 수밖에 없다. 결과는 프리미엄이 붙어 일부 과열 양상이 빚어질 것이라는 예측이 가능하다. 부산지역의 경우 다른 지역에 비해 분양권 전매로서의 청약경쟁률이 3배 정도 높은 기록들이 이를 반증한다. 그러면 바로 시장은 왜곡된다. 실수요 없는 거품 청약이 시장을 주도하게 되고 낙폭의 골을 더 깊을 것으로 예상된다. 이런 예측이 틀리기를 바라는 마음이다.

아파트 '위축지역'지정 득과 실

최근 부산지역의 주택경기는 하락 국면이 분명하다. 이런 이유 때문인지 주무부처인 국토부 김현미 장관이 배석한 자리에서 지역 출신 모 국회의원은 청약조정지역으로 지정된 지역 가운데 한 곳인 부산 기장군을 아파트 가격의 이상급등 등에 따른 과열지역이 아니라 오히려 침체됨에 따라 주택경기를 살리기 위해서라도 위축지역으로의 지정을 요구한 바 있다.

위축지역은 직전 6개월간 월평균 주택가격이 1.0% 이상 하락한 지역 가운데 주택거래량이 3개월 연속 전년 동기 대비 20% 이상 감소했거나, 직전 3개월 평균 미분양 주택 수가 전년 동기 대비 2배 이상이거나, 시·도별 주택보급률 또는 자가주택비율이 전국 평균 이상일 때 지정된다. 국토교통부에 따르면 올 1월 기준으로 울산 동구와 북구, 포항시 북구, 경북 구미시와 경남의 창원시와 거제시 등 여섯 곳이 위축지역 지정을 위한 정량요건을 충족했다고 밝힌바 있다.

최근 모 경제신문사에서 조사·발표한 기사에 따르면 부산 해운대구도 위축지역 지정을 위한 정량요건에 부합 한다고 밝혔다. 이것은 지정 요건에 부합하기 때문에 주무부처인 국토교통부가 의지가 있다면 위축지역 지정이 가능하다는 해석이다. 지정 여부는 차치하고 위축지역 지정을 통해 위축된 주택경기를 살리는 것이 지역 부동산 시장의 회복을 위해 바람직할 것인지 아니면 그 반대 일지 여부다. 결론부터 얘기하면 득보다는 실이 클 것으로 판단된다.

이유는 이렇다. 첫 번째, 지금은 시장이 조정 국면이라는 점이다. 시장은 고점과 저점이 존재하며, 순환한다. 그런데 바닥이 확인되지 않은 상황에서 다시 인위적으로 시장을 부양시키면 역외 자본의 유입으로 시장은 반짝 살아날 수 있지만, 지역 실수요자들은 다시금 올라간 가격으로 내집 마련을 해야 한다. 여기에 시장 스스로의 자정 작용 없는 정부의 개입은 또 다른 문제를 야기하는 배경이 될 수 있다. 두 번째는 낙인효과(stigma effect)다. 지정 이후 오히려 시장이 더 침체될 수 있다. 위축지역 지정 자체로 시세차익 등을 기대하기에는 문제가 있는 시장이라는 인식이 확산될 수 있다. 셋째, 위축지역으로의 실제 지정 가능성 여부다. 부동산시장의 이상과열을 진정시키기 위해 정부가 청약조정구역을 지정했는데, 이러한 효과를 보고 있는 상황에서 시장이 나빠졌다고 다시 위축지역을 지정한다면 자가당착

을 정부 스스로 보여주는 것이기 때문에 요건이 기준에 부합하더라
도 실제 지정 여부는 어려울 수 있다는 뜻이다.

'시장' 빠진 10 · 24 대책의 효과와 한계

올 것이 왔다. 10 · 24 부동산대책이 발표됐다. 발표 직후 시장은
'센 놈'이 왔다는 반응이다. 이번 10 · 24대책은 문재인 정부의 첫 부
동산관련 종합대책이다. 문재인 정부 출범 후 발표되었던 이전 대책
들이 시장 상황에 대한 즉각적인 문제 해결식의 임시 대응책이었다
면, 이번 종합대책은 말 그대로 문재인 정부의 주택 및 부동산시장에
대한 정부 정책의 방향성을 처음으로 보여준 것이라 점에서 문재인
정부의 정책 방향을 살펴볼 수 있는 바로미터이기도 하다.

종합대책의 메시지는 분명하다. 1,400조에 이르는 가계부채를 더
이상 늘리지 않기 위해 대출은 규제하고 투기적 수요는 잡겠다는 것
이다. 특히 다주택자들에 의한 시장 교란을 막기위해 신DTI(총부채
상환비율)와 DSR(총부채원리금상환비율)을 통해 신규 대출을 옥죈
다는 전략이다. 그렇다면 이번 종합대책은 가계부채 문제와 투기적
수요 등 두 마리의 토끼를 잡을 수 있을까? 그렇지 않다. 일정한 한계
가 있을 수 있음을 발표된 대책의 내용을 통해 확인 할 수 있다.

강력한 수단을 통해 다주택자들에게 더 이상 집사지 말고 시장을
투기장화 시키지 못하게 하는 데는 효과가 있겠지만, 그로 인해 야기
될 시장의 왜곡 문제를 고려하지 못한 측면이 있다. 규제는 있는데
'시장'이 빠졌다. 주택 가격은 수급, 즉 수요와 공급에 의해 만들어 진

다. 이번 대책에 공급에 대한 언급은 어디에도 없다. 집단 대출 금액을 줄이면서 오히려 공급 불안 요인은 더 커졌다. 그럼에도 안정적인 공급을 위한 내용이 대책에 없으니 수급 불균형에 따른 가격 불안 요인은 이번 대책을 통해 얻을 수 있는 결과를 위협하는 배경이 될 수 있다. 이번 대책이 갖는 한계다. 또 있다. 기존 주택에 대한 대체 수요자와 실수요자들까지 돈줄이 막히는 '돈맥경화'를 촉발 시킬 수 있다는 점이 간과됐다.

이번 대책을 통해 정부 정책의 방향은 분명하게 보여 주었으나 시장의 다양한 소비자들을 고려하지 못한 것은 '규제를 위한 통제로서의 대책' 성격이 강하다는 인상을 지울 수 없다. 시장에는 투기적 수요자만이 있는 것이 아니며, 또한 모든 지역 시장이 동일하지도 않다는 점에서 지역 맞춤형 대책으로서의 디테일 또한 고려되지 못한 부분이 있다. 가계부채 총량과 다주택자들에 의한 시장 교란 문제를 해결하기 위해 시장을 통제하되 시장 자체의 활력까지 위축시키려 한 것은 아닌지 살펴볼 일이다. 시장이 빠진 규제는 '정부 실패'의 또 다른 이름이 될 수 있기 때문이다.

청약조정지역 해제가 부산 지역시장에 미치는 영향

부산시의 청약조정지역 가운데 일부가 해제 되었다. 기존 7개 조정대상지역 가운데 부산진구와 남구, 연제구, 기장군은 해제된 반면 해운대구와 수영구, 동래구는 해제에서 제외됐다. 청약조정대상지역의 일부 해제는 향후 부산시 부동산시장에 어떤 영향을 미칠 것인가가 지역 입장에서는 초미의 관심사다. 왜냐하면 기존 규제의 해제 자체가 이미 하락세가 뚜렷한 시장 분위기를 반전시키기에는 한계가 있다고 보는 시각이 우세하기 때문이다.

국토교통부는 지난 해 연말 즈음 10번째 대책으로 수도권 3기 신도시 계획을 발표한데 뒤이어 28일 주거정책심의위원회를 열고, 부산시와 남양주시 등 일부 조정지역 해제를 확정·발표한 바 있다. 청약 조정대상지역은 집값 상승률이 높거나 청약 경쟁률이 높은 과열 우려 지역에 지정되며 다주택자의 양도소득세가 중과되고 장기보유특별공제가 배제되는 등 강력한 세금 규제가 적용된다. 특히, 주택담보대출비율(LTV)·총부채상환비율(DTI) 등 대출 규제와 청약 1순위 자격이 강화되고 2019년부터 2주택자에 대해서는 종합부동산세도가 중과되는 등 막강한 규제가 가해질 것이었기 때문에 부산 일부 지역의 해제 자체는 그나마 희소식일 수 있다.

그러나 이번 조치가 첫째, 매도·매수 '심리'가 이미 상당히 꺾인 상황이라는 점과 둘째, 조선·해양 등 지역 기간산업의 침체가 당분간 지속될 가능성이 높다는 점 부정적인 부분이 지배적이라는 측면에서 부산 부동산시장 분위기를 반등시키기에는 한계가 있을 수밖에 없다. 그럼에도 불구하고 정부의 이번 규제 완화는 향후 부산시 부동산 시장 및 정책 추진에 있어 몇 가지 시사점을 준다. 첫째, 부산시와 지자체 차원에서 지역 부동산시장 침체의 한 축인 정부 규제에 대해 한 목소리로 지속적인 해제를 요구해왔고 정부에서 그 목소리에 귀 기울였는지 여부까지는 확인할 수 없지만 향후 '지역 중심'의 '주택정책 모색'을 위한 거버넌스(Governance)를 경험할 수 있는 소중한 기회였다는 점이다. 둘째, 청약경쟁률 전국 최고 등 분양시장의 호조에 따른 투기적 수요의 확대 자체보다는 지역 실수요에 의한 안정적인 수요의 지속 확대가 지역 주택시장의 연착륙에는 오히려 바람직하며, 이런 시장의 유지와 관리를 위한 지역 지자체 차원에서의 반면교사로서의 '경험치'의 누적이다. 이러한 위기관리의 경험치가 지역 부동산시장이 겪을 문제 상황을 해쳐 가는데 분명히 도움 될 것이기 때문이다.

아파트 분양시장과 골재 채취 문제

부산시 아파트 분양시장이 연일 뜨겁다. 5월 벚꽃 대선을 앞두고 더욱 뜨거워지는 양상이다. 일각에서는 대선 결과에 따라서는 부동산규제가 강화될 수도 있어 업체들이 분양 일정을 앞당기고 있다는 얘기도 있다. 침체된 내수시장과는 극명하게 대비된다. 아파트 분양시장이 뜨거운 만큼 또 다른 뜨거운 감자가 있다.

바로 남해 배타적 경제수역(EEZ)의 골재 채취 허가 문제가 그것이다. 골재 채취로 인한 어업권 피해와 맞물려 제한되었다가 일부 허가 됐지만 물량 부족 문제가 야기 되면서 아파트 분양시장에도 악재로 작용하고 있다. 왜냐하면 아파트 역시 모래 등의 골재가 필요한 건설공사를 동반하기 때문이다. 특히나 다른 지역에 비해 아파트 시장이 활황을 보인 부산 · 울산 · 경남지역의 경우 아파트 개발에 따른 골재가 다른 지역에 비해 많이 소요된다는 점에서 그리고 여전히 다른 지역에 비해 많은 분양물량이 대기하고 있다는 점에서 제한적 골재 채취 문제가 지역 아파트 분양가를 올리는 배경으로 작용한다면 지역 실수요자 입장에서는 높은 청약경쟁률로 인해 당첨이 보장되지 않는 어려운 상황에서 분양가까지 추가 상승하는 이중고를 겪을 수 있다는 점에서 이에 대한 합리적인 개선이 요구된다.

부산시 아파트의 2016년 평균 분양가격은 3.3m^2당 1,112만원에서 2017년 3월 현재 1,266만원으로 13.8% 상승했다. 전국 평균은 1.8% 상승에 그쳤다. 분양 아파트의 입지나 상품 수준에 따라 단순 비교는 어렵더라도 너무 많이 오른 가격인데, 골재 채취의 어려움으로 건축비 상승이 불가피하다면 아파트 분양가격은 더 오를 수밖에 없다. 여기에 공공택지를 제외한 민간택지 내 아파트에는 분양가상한제도 적용되지 않아 분양가 상승 압력은 거세질 수밖에 없다. 2017년 한 해 동안 부산에서 계획된 아파트 분양 물량만 해도 38,548세대에 이른다. 예년 평균의 2~3배 수준이다.

남해 배타적 경제수역(EEZ)의 골재 채취에 따른 어업권의 피해가 있다면 이에 대한 적절한 조치가 필요한 것은 주지의 사실이다. 골재 채취로 인한 어업권의 피해는 최소화되어야 하고 골재 채취 또한 합법적인 범위 안에서 이루어져야 한다. 따라서 지역 수산업계와 건설업계 간의 불협화음으로 비화되거나 그렇게 비춰져서도 안 될 일이다. 그렇지 않아도 조선·해양관련 지역 기간산업의 구조조정 문제로 지역경제가 어려운 상황에서 두 업계 간 상생의 지혜가 필요하다. 정부의 역할이 요구되는 이유다.

불친절한 8.25 가계부채대책

손가락 끝이 가리키는 방향을 봐야하는데, 손가락 끝을 보고 있다. 최근 정부에서 발표한 8.25 가계부채대책에 대한 지역의 시선이다. 그러기는 이번 대책의 타깃(target)이라고 할 수 있는 서울·수도권도

매 한가지다. 정부는 나름 필요에 따라 시기적으로 다소 늦은감이 없지 않지만 적확하게 진단하고 이에 대한 처방을 내렸다. 그런데 시장에서는 왜 이런 의도하지 않은 결과가 나타나고 있는 것일까?

두 가지 이유에서다. 하나는 이번 대책에 대한 정부의 정책적 의도가 충분히 설명되지 않은 탓이다. 또 다른 하나는 대책을 마련함에 있어 예상되는 결과가 미치는 하위 시장, 즉 중앙정부 입장에서는 잘 보이지 않고 신경 또한 덜 쓰이는 지역별 시장에 대한 고려가 충분하지 못했다.

첫 번째, 정부 정책의 의도가 충분히 설명되지 못한 부분은 이렇다. 이번 대책은 1,200조에 달하는 가계부채의 불안요인 때문이다. 공급 과잉 우려가 계속 지적되고 저금리 상황에서 갈 곳 잃은 돈들이 쏠릴 곳은 그나마 분양권 시세차익이라도 얻을 수 있는 아파트 분양 시장이었음은 주지의 사실이다. 어느 누가 웬만한 사람의 연봉을 청약 당첨을 통해 얻을 수 있는 기회를 포기할 것인가? 아니 누가 그런 유혹을 쉽게 뿌리칠 수 있겠는가? 이러한 우려 때문에 기존 분양시장도 아닌 몇 년 후에나 가시적으로 나타날 수 있는 택지개발의 줄이겠다는 발표가 '공급 감소=가격 상승'이라는 경제 원론적 상상력을 촉발시켰다. 이에 대해 오히려 현재의 과잉 공급우려로 인한 가격 하락을 막기 위해 불가피하게 택지 공급을 제한적으로 줄인다는 대책에 대한 깊이 있는 전달과 보다 구체적인 예시로서의 설명이 부가되었다면 결과는 다르게 나타날 수도 있지 않았을까 싶다.

두 번째, 이번 가계부채 대책의 주요한 대상은 공간적으로 서울·수도권이다. 구체적으로는 서울 시내 일부 고가의 재건축 아파트와 일부 분양 아파트다. 그런데 불똥이 예상 못한 다른 곳으로 튀었다. 공급과잉에 따른 가격 하락의 우려감을 해소할 목적으로 공급을 줄이겠다는 적절한 조치가 저금리 상황에서 여전히 갈 곳 못 찾은 부동자금에게는 '이게 마지막 기회'라는 잘못된 시그널로 읽혔다. 공급과잉이 우려되는 지방 시장에서조차 그렇게 이해되었다는 점에서 정부 대책을 잘 못 이해하고 있는 지역의 소비자보다는 분양권 전매 제한을 포함시키지도 못했으면서 이런 결과를 초래한 정부의 불친절을 탓할 수밖에 없다.

혁신가의 딜레마와 주택시장

삼성전자가 휴대폰 생산을 못할지도 모른다는 얘기가 얼마 전 회자된 적이 있다. 휴대폰 매출 세계 2위의 기업이 휴대폰을 생산하지 못한다는 것은 회사가 존립하지 못한다는 말과 같아 세간의 관심을 끌었다. 그런 얘기를 처음 꺼낸 사람이 기업의 가치를 파악하는 외국계 증권 회사에 속한 애널리스트 였다는 점에서 더욱 놀랍게 들렸다. 그의 말에는 전제가 있었다. 삼성전자가 세계적인 경쟁 상황에서 새로운 제품을 만들어내지 못하는 '혁신가의 딜레마(Innovator's Dilemma)'에 빠진다면 더 이상 삼성전자는 현재의 기업 위치를 유지할 수 없다는 것이다. 그리고 그 결과 휴대폰 세계 1위 기업이었던 핀란드의 노키아와 같이 어느 날 갑자기 사라지는 회사가 될지 모른다는 것이다.

삼성이 망할 수도 있다는 애널리스트 말의 진위 여부를 떠나 사람들은 '혁신가의 딜레마'를 삼성전자가 어떻게 헤쳐 나갈 수 있을까를 현재도 예의 주시하고 있다. '혁신가의 딜레마'란 '시장 선도 기술을 보유한 기업이 한계에 이르러 더 이상의 혁신을 이루지 못하고 기존 제품의 성능을 개선하는 데 그치면서, 새로운 기술로 무장한 후발 기업에 시장 지배력을 잠식당하는 현상'을 말한다.

현재의 부산 주택시장도 혁신가의 딜레마에 빠져 있다. 여전히 (부산)분양시장은 호조를 보이고 있고 가격도 오르고 따라서 별다른 문제가 없어 보인다. 그러나 내년부터 2만여 세대 아파트가 준공된다. 내 후년에도 준공되어 입주하는 세대가 2만여 세대다. 올해 분양되었거나 분양예정인 계획 물량을 포함하면 3년 이내 부산지역에 최소 4만 5천 세대의 아파트가 분양 및 입주 한다. 간단치 않은 물량이다. 인구가 늘거나 외지에서 유입될 요인이 생겨서 지역 실수요자가 갑자기 늘어날 수 없다는 것을 전제하면 지역 내 교체 수요자가 상당부분 준공 물량을 해소시켜 주어야 한다. 주택시장이 '혁신가의 딜레마'에 빠진 격이다.

그렇다면 어떻게 주택시장에 드리운 혁신가의 딜레마라는 구름을 걷어 낼 수 있을까? 이 점을 지자체에서도 큰 그림을 통해 마련해야 한다. 가덕도 신공항 유치 가부 여부도 조만간 발표된다. 이 발표에 따라 많은 것들이 출렁일 수 있다. 글로벌 서부산, 에코델타신도시, 북항재개발, 제2센텀, 동부산 등 단순한 정치적 레토릭으로서의 개발 재료들이 아닌 내실 있는 지역성장의 엔진이 될 수 있는 파괴적 혁신이 요구된다. 그렇지 않으면 부산은 당면한 입주물량 폭탄을 피할 수 없게 된다.

부동산, 시장(market)이냐 재료냐?

5.2일 여신규제가 시작되자 우려가 현실이 되고 있다. 지역 주택 및 부동산 시장 전반이 조정 받고 있는 것이다. 이를 두고 언론이 '지방 주택시장에 찬바람' 또는 '지방 시장 급브레이크' 등으로 헤드라인을 뽑을 정도다. 특히 조선·해운업 침체로 인한 특정 지역의 변화를 언급한다. 가장 대표적으로 경남, 특히 거제를 지목한다. 지역발 경제 불안에 덧붙여 지난 2일부터 시작된 주택담보대출 심사 강화가 지역 수요자의 관망세를 부추기고 있다는 설명이다.

KB국민은행이 발표한 주간 주택시장 동향에 따르면 지방 아파트 가격은 전주 대비 0.02% 하락했다. 지난 2월 15일 이후 12주째 마이너스 기록이다. 서울과 수도권이 재개발·재건축 사업의 영향으로 상승세(0.03%)를 기록하고 있는 것과 대조적이다. 그나마 5개 광역시는 보합세를 보이고 있다는 것이 위안이다. 기타 지방은 꾸준히 하락을 거듭하고 있다. 지역별 아파트 매매가격은 거제가 -0.21%로 하락폭이 가장 크다. 아울러 조선·해운업 침체와 연관이 깊은 울산은 북구·동구가 각각 -0.15%, -0.12% 하락했다. 중요한 것은 단순히 가격이 조정 받는 것 뿐 만 아니라 거래량도 감소한 다는 것이다. 국토교통부에 따르면 지방 주택 거래량은 올 1분기 10만 3000여 건으로 지난해 같은 기간보다 22%가량 감소했다. 대구지역의 주택 거래량은 60% 가까이 감소했다.

이런 측면에서 앞으로의 주택·부동산시장은 단순한 '시장 (market)' 중심이 아니라 부동산 시장을 움직이는 지역의 '재료 (material)'가 시장 분위기를 결정할 것으로 보인다. 중국인 및 내국인 투자가 많았던 제주도, 재개발 · 재건축 사업의 원활한 추진 기대감에 따른 서울 강남 그리고 지난 몇 년간 지방혁신도시로의 공공이전에 따른 부산, 울산 지역 등이 대표적이다. 결국 부동산시장의 앞으로의 향배는 지역의 재료와 상품 특성에 따라 온도차가 심할 수 밖에 없다. 세계경제의 불확실성과 내수 부진 등 외부 여건이 나쁘면 나쁠수록 지역별 재료에 따른 선별적 시장의 양극화와 차별화는 어쩌면 예측 가능성이 불투명한 상황에서 당연한 것인지 모른다. 오히려 재료도 없는 시장의 갑작스런 급등이나 반등을 우려해야 한다. 시장은 합리적인 접점을 가격으로 보여준다. 그 시장 가격을 지역의 '재료'가 선도할 것으로 예상된다. 어쩌면 앞으로의 시장은 '재료가 있는 시장'과 '없는 시장'으로 구분될지 모른다. 이것이 저성장 · 저금리 시대 부동산 시장의 바람직한 메커니즘(mechanism)이다.

기준금리 동결, 주택가격 띄우기?

2016년 주택시장의 향배를 두고 설전이 뜨겁다. '과잉공급'이라는 측과 '그렇지 않다'는 측의 공방이 드세다. 그래서 '크게 하락 한다'는 쪽과 '아직 단언하기 어렵다'는 쪽으로 나뉜다. 시장이 어찌되든 내 집 하나 갖고 있는 사람들에게는 이 또한 크게 의미가 없다. 살고 있는 집을 처분하지 않는 한 돈이 되든 빠지든 '미실현 수익'이기 때문이다.

시장은 가격을 만들고, 가격은 거래를 유발시키는 동인으로 작용한다. 그러나 현재의 부울경시장은 거래가 있어야 가격이 형성되고 이를 통해 거꾸로 시장의 향배가 결정될 듯, 정중동의 관망세 시장이다.

그렇다면 시장은 무엇에 따라 영향을 받을까? 북한 핵미사일로 인한 안보정국 등 우리나라 부동산시장에 영향을 미치는 요인은 이렇듯 시장 밖 외부에 있다. 외부의 여건 변화가 더 큰 영향을 미친다. 미국의 금리 인상 지연과 중국 발 경제상황은 당분간 저금리 시대를 연장 시킬 것으로 보인다. '저금리 기조'야 말로 앞으로 부동산 시장을 움직이는 핵심 키워드일 수밖에 없다. 증권시장의 침체는 더욱 부동산시장으로의 자본 쏠림을 부채질할 것이다. 지난 16일 한국은행장이 연 1.5% 수준의 기준금리를 8개월째 동결했다. 더 낮출 경우의 부작용을 우려해서다. 그 부작용이란 다름 아닌 부동산시장의 '나홀로' 폐해 가능성에 대해 우려를 표명한 것으로 해석된다.

저금리 기조가 지속된다고 주택가격이 오른다는 뜻이 아니다. 상승보다는 하락 가능성이 크다. 부산시장은 특히 더 그렇다. 지금은 분양시장의 호조가 언제까지 지속될 것인가 보다, 분양했던 아파트가 준공되면 그 시점에 입주가 완료될 것인가가 더 문제인 상황이다. 올해에만 1만 여 세대, 2017년과 2018년에 각각 1만7천, 1만 6천여 세대 등 앞으로 3년 동안 최소 4만 3천 여 세대가 준공되어 입주가 진행되기 때문이다. 입주 시점에 가격이 받쳐 주거나 오르지 않는 상황이면 신규 아파트로의 입주도 문제지만, 현 거주 주택에 대한 수요 감소로 기존 주택이 팔리지 않을 가능성이 높기 때문이다. 그렇게 될 경우 기존 주택가격을 낮춰서 팔 수 밖에 없는데 이것은 주택가격의 연쇄 하락을 촉진할 수 있는 만큼, 단순히 가격 조정되는 것이라고 치부하기에는 문제의 심각성을 내포하고 있다. 한국은행의 수장이 기준금리를 동결하면서 언급한 '그에 따른 부작용'은 주택시장의 '나홀로 상승'에 대한 우려를 표명한 것이라 보면 된다. 경제는 살리되, 주택시장의 이상 조짐에 대해서는 관리할 수 있음을 시사하는 대목으로 읽어야 하는 이유다.

뜨거웠던, 2015년 부산 주택시장

올 한해 부산은 부동산 및 주택시장과 관련해 진면목을 제대로 보여주었다. 해운대 소재 아파트를 분양하면서 전국에서 가장 비싼 아파트를 팔았다. 최근 이 아파트의 기초 콘크리트를 36시간 연속 타설했으며, 레미콘 3,715대 분량으로 부산항 개항 이후 최대 규모로 또 한번 매스컴을 달궜다. 이뿐 아니다. 분양시장의 호조로 청약경쟁률은 항상 전국 최고 수준이었다.

부동산114(주)의 자료를 인용해 살펴보면 2015년 12월 현재까지 올 한 해 동안 부산에 21,005세대의 아파트가 분양됐으며, 이로 인한 1~3순위 청약경쟁률은 81.9대 1로 전국 최고를 기록했다. 아파트 매매가격도 전국 평균 이상 올랐고(3/4분기 전국평균 1.6%, 부산 2.3%) 당연히 입주물량이 많은 전세시장은 (3/4분기 2.8% 상승으로)전국 평균 3.3%을 하회했다.

문제는 이러한 시장 분위기 속에서 집 가진 사람들, 집을 필요로 하는 서민들 모두 윈윈했냐는데 있다. 살고 있는 집 '한 채' 있는 사람에게 부동산 시장에서의 집값 상승과 하락은 '기분' 문제이다. 어차피 집값 등락과는 상관없이 사거나 팔지 않기 때문이다. 집을 여러 채 갖고 있는 자산가들은 당연히 집값이 상승하는데 좋다. 팔아서 얻는 자본 이득(capital gain)도 있고, 전세나 월세가격 상승으로 세를 놓아 얻는 임대수익(income gain) 역시 증가할 수 있기 때문이다. 집을 여러 채 갖고 있는 사람들에게 올 한해 부산시장은 더할 나위 없이 좋은 시장이었을 게 분명하다. 뿐만 아니다. 집을 사지 않더라도 분양 시장의 호조는 분양권 전매를 통해 '짭짤한 수익'을 얻기에 좋았다. 청약 통장이 당첨만 되면 소위 분양가 이상의 '프리미엄' 즉, '피(P)'가 최소한 2~5천만 원 이상 붙었으니 집을 필요로 하는 실수요자가 아니더라도 청약 한 두 번 넣는 것은 당연지사로 여기는 분위기였다.

그러나 이렇게 좋은 시장도 이제 한 해를 갈무리하고 있다. 여전히 신규 분양시장의 군불이 식지 않은 상태지만, 마지막 수요자 또는 실 입주를 생각하는 실수요자들에게 올 한해 부산의 주택시장은 '득'보다는 '실'을 줄 가능성이 커지고 있다. 올라갈 데로 올라간 분양가격과 걷히고 있지만 여전히 남은 프리미엄은 가격의 '거품'으로 남아 있다. 모르고 샀다면 여전히 '시장의 생리'를 모르는 것이고, 알고 샀다면 여전히 가격이 떨어질 것이라는 것을 믿지 않기 때문일 것이다. 누군가의 말처럼 '추락하는 것은 날개가 없다' 경제 여건이 전반적으로 나쁘다. 나홀로 좋은 시장은 자유경제 시장에서는 존재하지 않는다.

지금, 부동산투자를 결정 하셨다구요?

"멈추지 않는 서울 아파트 전셋값, 57주째 상승. 전국 아파트 매매가 대비 전세가 비율이 71.9%로 통계를 작성한 이래 최고치를 기록. 수도권 지역에서조차 처음으로 70%를 넘어서. 전문가 62.2% "하반기에도 매매가격 상승세", 올해 상반기 전국 토지 거래량이 총 150만 건을 넘어 2006년 이후 최대치를 기록했다. 토지 거래가 활기를 띠면서 같은 기간 전국 땅값은 1% 이상 올랐다" 이상은 최근 며칠 사이 부동산 신문기사의 헤드라인을 모은 내용이다. 내용만 보면 대세 상승기다. 지금 시장을 놓치면 손해도 큰 손해를 볼 것 같은 분위기다. 분양만 하면 수백 대 일의 청약경쟁률을 보이고 분양권에 수천만 원의 프리미엄이 붙고, 전세값과 매매값은 오른다고 하니 지금의 시장이야말로 대세 상승, 절대 호황의 호시절로 인식할 수밖에 없다. 떨어진다 떨어진다 말들은 많은데 그런지가 벌써 2~3년은 족히 지난 듯 싶다.

투자(investment)와 투기(speculation)를 구별하는 것은 어렵다. 학술적으로는 장기적 관점에서는 '묻어두기 식' 보다 단기 시세차익을 노릴 때 이것을 '투기'로 본다. 이런 이유로 현재 부산시의 부동산 열기는 투기에 가깝다. 첫째, 실수요가 아닌 투기적 수요가 많다. 분양권 전매를 통해 적정 프리미엄을 올려놓고 튀는 떴다방이나 그런 분위기에 편승해서 "내가 마지막만 아니면 된다"고 생각하고 분양권 전매시장에 뒤늦게 들어오는 사람들이나 실수요로 보기 힘들다. 둘째, 돈이 갈 곳이 없다. 은행에 돈을 맡겨도 이자가 싸니 돈이 '돈다' 찾아 들어갈 곳만 있으면 몰리기 마련인데, 작금의 아파트 시장이 그렇다. 그러기에 딱 '좋다'고 느끼기에 딱 좋은 시장처럼 보인다. 셋째, 저금리시대인 만큼 남들도 쉽게 빌리는 돈을 '레버리지(leverage)' 삼아 투자하는 것은 나쁜 짓이 아니다. 3~4억 매매도 아니고 분양권 전매는 치고 빠지기도 좋고 단박에 목돈도 벌고 그러니 더 몰린다. 넷째, 상식적이지 않다. 이미 많이 공급됐고, 많이 올랐다. 이제는 숨을 골라야 하는 시기인데도 여전히 시장은 상승세 분위기다. 그러니까 정상적이지 않다.

최근 부동산 기사 중 하나다. "1~5월 30대 이하 주택매수자 비중은 전국적으로 25.5%로 지난해 하반기(7~12월) 23.1%와 비교해 2.4%

포인트나 늘어났다" 그 다음이 중요하다. "반면 나머지 40대와 50대, 60대 이상의 주택매수자 비중은 모두 줄어들었다" 부동산이야말로 연령대로 따라가는 것인가 싶다. 다행인 것은 일부 연령층은 매수 타이밍을 보고 있거나 미루고 있다는 얘기다. 지금 시장은 숨고르기가 필요한 시장이다.

저금리 투자 주의보, 한 방에 '훅' 간다

여전히 부산 분양시장은 매력적이다. 소비자보다 업체 입장에서 더 그렇다. 업체 입장에서는 분양가상한제 폐지로 이미 '착한분양가'가 아님에도 소비자들은 여전히 시세차익을 기대하고 분양시장에 몰리고 있다. 금융결제원에 따르면 2015년 5월까지 부산지역의 1순위 청약경쟁률은 45.31대 1이다. 전국 1순위 청약경쟁률 7.9대 1과 비교가 안 될 정도로 높다. 지난 4월 P건설이 부산 수영구에서 분양한 아파트의 청약경쟁률은 1순위 평균 379.08대 1로 전국 최고 경쟁률을 기록했다.

분양권 거래도 여전하다. 2015년 최고 경쟁률(146.2대 1)을 기록한 부산 금정구 장전 3구역 재개발 아파트는 아직까지 5,000만 가량의 프리미엄이 붙어 있다. 시장 상황이 이렇다보니 분양가 역시 상승세다. 부동산 관련업체에 따르면 부산지역에서 올 한해 분양된 민간 아파트의 분양가는 3.3㎡당 1,002만 원 수준이다. 2010년 대비 34.57%나 상승한 수치다. 최근 몇 년 동안 주택시장이 투자목적보다는 실수요 위주의 시장으로 재편되고 있고 분양가격이 지속 상승하고 있는 상황에서도 일부 투기적 수요가 분양시장에 유입되는 이유는 무엇일까? 바로 저금리 기조 때문이다. 정부는 지난 6월11일 기준금리를 1.75%에서 1.50%로 0.25%P 추가 인하했다. 역대 최저 수준이다. 이러한 저금리 기조의 확인은 시세차익을 통한 레버리지가 가능할 것이라는 믿음을 시장에 주기에 충분했다고 할 수 있다.

이러한 최근 몇 년간의 저변의 확대 때문인지 7월부터 9월까지 3개월간 전국적으로 6만여 채의 새 아파트가 입주한다. 이 가운데 부산·울산지역의 입주물량은 서울지역의 입주물량 2,082세대 보다 많은 4,415세대 수준이다. 물론 서울·수도권지역 26,929세대보다 이외 지역의 입주물량이 34,222세대로 더 많다. 이뿐 아니다. 이후 부산지역의 입주물량은 지속적으로 증가한다. 이런 이유로 입주물량이 최대 수준이 되는 2017년을 전후한 시점을 가격 하락의 전환 시점으로 보는 견해가 설득력을 얻고 있다. 그러나 이 보다 빠르게 가격 조정양상이 예견된다. 메르스 여파도 있지만, 여름 계절적 비수기를 거치면서 이미 심리가 꺾이고 있음을 시장에서 목도 할 수 있기 때문이다. 우려되는 것은 숨고르기로서의 가격 조정이 아니다. 수요가 무한 확대될 수 없으니 일정 기간 조정기를 거치는 것은 불가피하다. 문제는 가격 상승 기조를 믿고 업체의 '밀어내기식' 분양시장에 후발 주자로 참여한 지역 실수요자 들이다. 기존의 저금리 기조는 당분간 지속될지라도 금리 상승은 불가피하다. 문제는 그 이후다. 금리가 오르는 상황에서 현재의 과잉공급은 생각보다 많은 피해자를 양산할 수 있다. 소비자 차원의 신중한 판단이 요구되는 이유다.

전세가율, 부산 69.5 vs. 경기 71.6의 의미

전세가율은 '매매가격에서 전세가격이 차지하는 비중'을 의미한다. 부산의 아파트 전세가율은 2015년 4월 현재 69.5%이다.(부동산114자료) 아파트 매매가격 대비 전세가격이 69.5%수준이라는 얘기다. 서울은 역시 같은 시점에서 65.4%이고 경기도는 71.6%이다. 부산의 전세가율이 서울보다 높다. 부산, 서울, 경기지역의 전세가율을 높은 순서로만 순위를 정하면 경기 〉부산 〉서울 순이다. 얼핏 보면 부산의 전세시장이 서울의 '전세대란'보다 문제의 심각성이 더 커야 할 듯 싶다. 과연 그럴까? 작금의 부산 전세시장이 서울 또는 수도권의 전세시장과 같은 분위기의 동조화(coupling) 현상을 보인다고 볼 수 있을까? 결론부터 말하자면 이것은 숫자로만 보이는 일종의 '착시'현상이다.

2000년도 부산의 아파트 전세가율은 지금과 같은 60%대인 64.4%였다. 당시 서울, 경기의 전세가율은 각각 54.5%, 58.0%였다. 15년 전 부산의 전세가율은 지금보다 불과 5.1% 상승했다. 반면에서 서울은 10.9%, 경기도는 13.6% 상승했다. 부산의 배가 넘는 수준으로 서울과 경기지역은 전세값이 오른 셈이다. 2014년 말 현재 전세가격 변동률을 보더라도 마찬가지다. 부산은 2014년 1년 동안 전세가격이 4.95% 상승했다. 전국 평균인 7.22%보다 낮고 서울과 경기의 7.13%, 8.16%보다 역시 절반 수준의 상승폭을 보였다. 그러니까 서울, 경기와 유사한 전세가율은 내용적으로 작금의 특히, 서울에서 보이는 빠른 월세화의 진전과 전세물건 부족 등으로 인한 '전세난'과는 거리가 있다는 얘기다. 여기에 2014년에만 부산시에 분양된 아파트가 2만 9천여 세대에 이른다. 2015년에만 입주예정물량이 15,334세대이다. 분양시장

　　　　　　　　　　　　　　　　　　　　　　　　　아파트 사회학

의 호조로 예년 평균보다 많은 물량이 공급됐고 분양된 물량의 대부분이 향후 입주예정인 것을 감안하면 시장에서 필요로 하는 전세물건은 충분하다는 얘기가 된다. 그만큼 전세가격이 오를 가능성이 없다는 얘기와도 일맥상통한다.

결국 전세가율은 현재의 수치로만 이해되는 것이 아니라 그 당시 매매가격과의 관계를 통할 때 전세가율이 '시장(market)'에서 차지하는 의미를 확연히 알 수 있다. 따라서 부산의 전세가율이 높고 이에 따른 전세 대책마련이 필요하다고 떠벌리는 일부 전문가를 자임하는 사람들은 그야말로 혹세무민(惑世誣民)한다고 해도 과언이 아니다. 한마디로 모르고 떠드는 소리다. 전세가율이 높아 부산 전세시장에도 문제가 있으니 대책도 마련하고 전세 사는 세입자들은 빨리 '집사라'는 무언의 투자 종용인 셈이다. 서울 · 수도권 시장을 보고 처방은 부산에서 내리는 격이다. 지금이야말로 시장을 직시할 때다.

부산 분양시장과 피케티 열풍

프랑스의 소장파 경제학자인 토마 피케티 신드롬이 거세다. 그의 책 '21세기 자본'은 하버드대학의 101년 출판부 역사상 한 해에 가장 많이 팔린 책이라는 진기록을 세웠다. 우리나라도 예외는 아니어서 번역 출판기념을 위한 그의 방한과 더불어 피케티 열풍이 뜨겁다. 열풍의 배경에는 소위 '돈이 돈을 번다'는 그의 주장에 대한 대중적 공감이 큰 탓으로 보인다. 물론 피케티 담론에 대한 비판도 거세다. 궁극적으로 소득 분배 개선을 위한 그의 주장이 비현실적 가정에 근거하고 있으며 한국적 상황과 맞지 않다는 지적이 그것이다.

그럼에도 "노동으로 버는 돈 보다 자본으로 버는 돈이 훨씬 큼으로 인해 사회적 불평등이 심화되고 있다"는 문제 제기는 작금의 현실을 일부 반영하고 있다는 측면에서 관심을 끌기에 충분하다. 그의 주장이 특히 공감되는 대목은 이렇다. 자본의 수익률이 생산과 소득의 성장률을 넘어설 때 자본주의는 통제하기 어려운 불평등을 심화시킨다는 부분이다. 즉, 자본이 스스로 증식해 얻는 소득(임대료, 배당, 이자, 이윤, 부동산이나 금융상품에서 얻는 소득 등)이 노동으로 벌어들이는 소득(임금, 보너스 등)을 웃돌기 때문에 소득 격차가 점점 더 벌어지고 있으며, 이를 극복하기 위해서는 부자들의 소득세를 누진적으로 크게 올려 부를 재분배할 필요가 있다는 주장이다.

'돈이 돈을 버는 속도(자본 수익률)가 사람이 일해서 돈을 버는 속도(경제성장률)보다 빠르다'는 그의 주장의 일면을 현재의 부산 분양시장에서 찾을 수 있다. 최근 부산지역의 분양시장은 말 그대로 대박 행진의 연속이다. 금융결제원 자료에 따르면 올 상반기(1~7월) 부산의 평균 청약경쟁률은 9.75대 1로 대구에 이어 전국 2위 수준을 보이고 있다. 이러한 여파에 힘입어 올 하반기에만 1만 7천여 세대가 분양될 예정이다. 최근 2, 3년 사이 최대 분양 물량이라는 점에서 하반기 분양 상황에 대한 기대와 우려의 시선이 교차되고 있는 것이 현실이다.

우려의 시선은 이렇다. 최근 몇 년 동안 부산의 분양시장은 수급불균형에 따른 공급 부족에 따라 예년 연평균 공급 물량 보다 다소 많은 분양 물량이 공급 됐다. 여기까지 괜찮다. 그런데 시세보다 낮은 분양가와 세대수 규모가 크고 입지특성이 좋은 상품성 있는 분양 상품에 많은 청약자가 몰리고 여기에 소위 분양 프리미엄이 형성되면서 현재는 이러한 분양 프리미엄만을 노린 투기적 수요가 분양시장에 가세하고 있다는 점이다. 청약경쟁률이 높아지고 과열 양상을 띠자 업체의 공급 물량도 늘었고 분양가도 상승했다. 자칫 작금의 분양시장의 호조가 '폭탄 돌리기'아니냐는 지적이 그것이다. 청약경쟁률만 높이고 이로 인한 프리미엄만을 취하는 '돈이 돈을 버는 식'의 분양 시장의 거품은 결국 실수요자와 공급자 모두의 피해를 가중 시킬 수 있다는 점에 문제의 심각성이 있다.

LTV, DTI 완화, 부산에 상책(上策)인가?

다 푼다. 2.26 임대차 선진화 대책 이후 다주택자들의 외면 속에서 오히려 잠잠해진 소비를 진작시키기 위해 최근 당정 간 합의를 통해 수정안을 마련하더니 이번에는 주택소비 전반의 규제를 확 푼다. LTV(주택담보 인정비율), DTI(총부채 상환비율) 등의 규제 완화가 그것이다.

2.26 대책 이후 시장이 급속 냉각되자 이에 대한 보완책을 다시 내놓았다. 주택수에 관계없이 종합소득세 합산기준을 임대소득 2,000만원으로 하고, 분리과세 방침에 따라 3주택 이상 임대소득자도 필요경비 60%를 인정한 14%의 단일세율을 적용받도록 하고, 임대소득과세 유예시기도 2년에서 3년으로 늦추는 등의 재 수정안을 발표했다.

여기에 실수요자의 구매력 확대 차원에서 LTV, DTI에 대한 규제 완화를 추가적으로 검토하고 있다. DTI와 관련해서는 오는 9월 종료되는 20~30대 차주에 대해 향후 10년간의 연평균 소득을 추정해 소득산정에 반영하는 한시적 조치를 올 9월에서 내년 9월로 1년 연장하는 방안이 유력하게 검토되고 있다. 또한, 소득이 없지만 자산이 많은 은퇴자 등의 순자산(자산-부채)을 소득으로 환산해 인정하고 금융소득 종합과세 비대상자의 금융소득을 근로·사업소득에 합산하는 것을 1년 연장할 것으로 보인다. 6억 원 이상 주택구입 대출 중 고정금리·분할상환·비거치식 대출의 경우 각각 DTI에 5%포인트를 가산하고 신용등급에 따라 5%포인트를 내년까지 연장해 가감토록 하는 방안도 검토될 전망이다. 아울러 LTV의 경우 최근 집값 하락으로 인해 LTV 한도가 자동적으로 초과된 경우가 있다는 점을 감안, 수도권 50%와 지방 60%로 규정된 비율을 조정하는 방안이 유력하다. 그야말로 구매력 있는 실수요자들을 시장으로 유인하겠다는 것이고 이러한 내수 진작을 통해 침체 국면인 경제 상황을 타개한다는 것이다.

총론적으로 이러한 조치의 필요성에 대해서는 공감한다. 그러나 지역에 따라서는 적용의 폭을 조정할 필요가 있다. 부산의 경우 최근 분양되는 아파트의 분양가격이 올 초 900만 원 돌파 후 계속 상승하고 있다. 2012년을 기준(100)으로 한 5월 부산의 분양가격지수는 111.4로 지난해 5월 분양가격지수 97.1과 비교하면 14.67% 오른 수치다. 청약경쟁률은 1~3 순위 내 평균 6:1이다. 전국 평균 3.25:1의 두 배 수준이고 대구(8:1)에 이은 전국 2위다. 아파트 입주예정물량은 올해에만 1만4천여 세대이고 2015년에는 16,441세대에 이른다. 반면 거래는 평년 수준이다. 가계부채 1,000조를 언급하지 않더라도 현재 거주 주택이 안팔리면 분양 주택으로의 입주에 문제가 생긴다. 부산발 하우스푸어는 남의 얘기가 아니다. 지역 시장에 맞는 맞춤형 대책을 강구할 필요와 이유가 여기에 있다.

아파트 사회학

부산 주택시장을 읽는 3가지 키워드

다사다난했던 2016년 주택시장이 저물고 있다. 말 그대로 부산 주택시장에도 많은 일들이 있었고, 많은 기록들이 만들어졌다. 한 해 동안 부산 아파트 시장의 기록들을 통해 올 한 해 부산 주택시장 특성을 정리하고 부산 주택시장을 읽을 수 있는 키워드를 통해 2017년 부산 주택시장을 전망해 보고자 한다.

2016년 12월 현재까지 부산에는 총 24,860세대의 아파트가 공급됐다. 2014년 29,967세대 공급 이후 최대치다. 이에 따른 청약경쟁률은 12월 현재 93.9대 1로 전국 최고 수치다. 부산시 아파트 가격은 지난 3분기에만 4.67% 상승했다. 전국 평균 2%, 서울 3.52% 수준과 비교해도 높다. 이 수치 역시 전국 최고 상승률이다. 아파트 거래량 역시 마찬가지다. 2016년 11월 현재 전국적으로 111,218건의 거래량을 보였다. 이 가운데 부산은 10,539건으로 전국 전체 거래량의 9.5%, 약 10%를 점했다. 전년 동월 10,613건 이후 1년 만에 다시 1만 건을 넘어섰다. 같은 11월에 서울이 13,838건의 거래량을 보인 것과 비교하면 인구 규모로 시장 규모는 서울에 비해 1/3 수준이면서 거래량은 큰 차이를 보이지 않고 있다는 점이다.

2016년 부산은 아파트 주택시장관련해서 기록의 산실이었다. 좋은 기록만큼이나 좋은 시장을 형성했다고 볼 수 있을까? 여기에 부산 주택시장 분위기와 관련된 딜레마가 있다. 분양물량이 많은 만큼 분양가격도 상대적으로 많이 올랐다. 2012년 3.3㎡당 977만 원에서 2016년 1,135만 원 수준으로 상승했다. 그럼에도 전국 최고의 청약경쟁률을 보이며 잘 팔렸다. 이로 인해 준공되어 입주해야 할 입주예정

물량은 2017년 18,909세대(재개발·재건축 4,382세대 포함), 2018년 21,447세대(재개발·재건축 10,264세대 포함)다. 부산의 재개발 열풍을 감안하더라도 이주 수요를 충족시키고도 남는다.

많이 지었고, 잘 팔렸고 거래도 많았다. 그런데 정작 아파트 거래량은 많은 반면 거래의 질은 좋지 않았다. 분양권 전매로서의 거래 비중이 다른 지역에 비해 2~3배 이상 높다. 실수요자들에 의하기 보다는 분양권 프리미엄 즉, 시세 차익을 노린 투기적 수요가 많았다는 점이다. 좋아도 너무 좋았던 지표들이 2017년 부산 주택시장을 다른 지역 시장에 비해 보다 빨리, 보다 깊은 침체로 내몰지 모른다. 이러한 이유로 2017년 부산시장은 차별화, 양극화, 탈동조화가 가속화 될 것으로 보인다. 동·중·서부산 등 지역에 따라 그리고 (도시재생)재료에 따라 부침이 심한 한 해가 예상된다.

월세 소득공제, 갑을 논쟁 부추길 우려

부동산은 역시 심리다. 온기가 퍼지는 듯 싶었던 시장에 다시 냉기가 돌고 있다. 그 원인을 지난 2월26일 발표된 '주택임대차 시장 선진화 방안'에서 찾을 수 있다. 정부의 의도는 이렇다. 전세가격이 사회 문제가 될 만큼 높게 상승하면서 시장에서는 전세물건의 품귀 현상과 더불어 저금리 상황 탓에 집주인(임대인)들이 월세를 선호한다. 시장이 빠르게 월세화 되고 있으니 월세로 내몰리는 저소득계층에게는 소득공제의 기회를 제공하고 이 참에 임대인들의 임대소득에 대해서는 과세할 수 있는 제도적 기반을 만들겠다는 것이다. 원론적으로는 전혀 문제없다. 소득공제를 통해 임차인은 주거비 부담을 덜 수

아파트 사회학

있고 임대소득에 대한 과세와 더불어 월세관련 통계를 구축할 수 있기 때문이다.

문제는 시장이 정부의 의도와는 전혀 다르게 작동된다는 데 있다. 정부가 발표한 임대차 시장 선진화 방안에 어떤 문제가 있었던 것일까? 2.26 대책 발표 일주일 만인 3월 5일 기획재정부, 국토교통부, 국세청이 정부 합동으로 '주택임대차시장 선진화방안 보완조치'를 내놓은 것에서 확인할 수 있다. 보완대책의 주요 골자는 전월세 집주인을 위한 추가 대책이다. 2주택자 보유자에 대한 월세소득 과세를 당초 발표보다 2년 유예한 2016년부터 시행하고, 필요경비율과 기본공제를 높여 시행이 되더라도 연간 월세소득 2000만 원 이하인 임대인에게는 사실상 세부담이 없도록 하겠다는 것이다. 이 대책은 '은퇴 이후 집을 세놓는' 고령자를 위해 고려한 것으로 풀이된다. 그런데 정부는 얼마의 집주인이 혜택을 받는지, 이때 줄어드는 세수입이 얼마인지에 대한 명확한 추정조차 하지 못한 채 보완책을 발표했다. 그만큼 급하게 발표됐다. 그런 이유로 6.4 지방선거를 앞두고 월세 소득으로 생활하는 '은퇴 고령 임대인'을 염두 해 둔 보완책이라는 해석이 불가피한 대목이기도 하다. 그런데 일주일만의 3.5 보완책 발표 이후 시장 반응은 싸늘하다. 오히려 발표 이후 시장의 불안감이 가중되고 있다. 집주인들 사이에선 세금 만큼 월세 올리기, 월세소득 2000만 원 이하로 재계약하기, 세입자에게 세액공제 포기 요구하기나 이면 계약 등의 절세 방안이 공공연하게 회자되고 있다.

계약은 '갑과 을' 간의 약속이다. 모든 계약이 그러하듯 갑이 우월적 지위를 갖는다. 재개약을 결정해야 할 때 갑은 계약을 연장할 수도 있고 재계약을 안할 수도 있다. 그야말로 '갑'이다. 갑의 결정에 달렸다. 이번 월세에 대한 소득공제 관련 대책이 불필요한 '갑을 논쟁'을 불러일으키고 있는 이유다. 더욱이 임대소득을 바라고 집을 사려던 개인들은 정부의 과세 강화 방침에 관망세로 돌아섰다는 점은 분명한 패착이다.

경매 시장의 두 얼굴

경매에 대한 일반인들의 관심이 높다. 조금이라도 더 저렴한 가격에 내집을 마련할 기회일 수 있기 때문이다. 이런 관심의 반영인지 최근 경매를 배워 시장에 참여하겠다는 사람들도 늘고 있고 실제 경매시장에서는 '고가 낙찰'이 화제다. 전세값의 지속적인 상승에도 불구하고 국회의 파행에 따른 부동산관련 입법지연 등으로 주택경기가 여전히 불투명한 상황과는 상반되는 현상이다. 작금의 경매시장의 과열은 저가 낙찰이라는 경매 자체의 특성 요인에 반하는 결과라는 점에서 주목할 만하다. 주택시장이 좋지 않기 때문에 낙찰을 통해 조금이라도 더 저렴한 가격에 매수하려는 저가매수 심리의 작동이 경매시장의 주된 작동 원리인데 고가 낙찰이라는 것은 역설적으로 시장이 다시 뜨거워 질 것으로 보고 기왕이면 경매를 통해 더 큰 시세차익을 얻고자 하는 심리의 반영이라고 볼 수 있기 때문이다.

따라서 어느 지역의 어떤 물건이 고가 낙찰 물건인지를 확인할 필요가 있다. 그리고 더불어 본인이 거주하거나 관심 경매시장의 최근 낙찰가율(감정가 대비 낙찰가 비율)이 어떻게 형성되고 있는지를 확인할 필요가 있다. 그렇지 않고 단순히 경매시장이 뜨고 있다는 헤드라인만 보고 시장에 진입해 손해를 봤다면 그 피해는 고스란히 본인의 귀책사유가 될 수 있기 때문이다. 현재 고가 낙찰의 진원지는 수도권이다. 가격대로는 2억 미만 물건의 낙찰가율이 가장 높다. 평균 낙찰가율은 85.8%로 금액대 중 낙찰가율이 가장 높은 것으로 나타났다. 부산시 아파트의 평균 낙찰가율은 지난 5월 기준으로 87% 수준이다.(2012년 12월 부산지역의 아파트 낙찰가율 94% 수준) 수도권 아파트의 낙찰가율보다 높지만 부산지역의 낙찰가율이 지속적으로 떨어지고 있다는 점이 중요하다. 시장이 그 만큼 성숙했다는 신호다.

서울·수도권 시장과 부산 시장은 다르다. 수도권 아파트 경매시장의 낙찰가율(감정가 대비 낙찰가 비율)과 낙찰률(매물 대비 낙찰 비율)이 올라가고 있는 것과는 상반되게 부산은 떨어지고 있다. 시장의 방향이 서로 다르다. 따라서 거래 부진 속 분양시장의 호조를 시장의 대세 상승국면으로 보면 안된다. 여전히 부산지역의 입주물량은 최근 몇 년 동안의 분양시장 호조로 근래들어 가장 많다. 그만큼 불확실성이 크다. 급매물보다 더 높은 가격으로 낙찰 받는다면 경매를 통할 이유가 없기 때문이다. 고가 낙찰은 그래서 낭패일 수 있고 그 책임은 모두 본인 몫이다. 그것은 경매시장의 문제가 아니라 잘못된 선택을 한 본인의 문제인 셈이다.

주택시장의 이례 현상

전셋값이 60주째 상승했다. 한국감정원에 따르면 작년 말 대비 지금까지 아파트 매매가격은 0.71% 상승한 반면 전세가격은 5.9% 오른 것으로 집계 됐다. 전셋값이 이 정도 수준으로 장기간 오르면 내 집 마련 수요가 급증할 만함에도 불구하고 이전과 달리 매수세가 높지 않다. '효율적 시장 가설과 어긋나는 현상'을 이례 현상이라 부른다.

　현재 부동산 시장에는 이전과 다른 이례 현상들이 나타나고 있다. 첫째, 전세값은 오르는데 매매값은 오르지 않는 경우다. 전세값은 매매가격의 선행지수였다. 전세가격이 오르면 뒤이어 매매가격이 오르는 것이 자연스런 과정이었다. 그러나 이번에는 다르다. 전세값은 지속 상승하는데 매매값은 제자리거나 혹은 오히려 하락하고 있다.

　둘째, 전세가율의 상승에도 불구하고 매매수요가 작동하지 않는 다는 점이다. KB국민은행에 따르면 지난 9월 전국 아파트 전세가율은 11년 만에 최고치인 평균 65.2%를 기록한 것으로 조사됐다. 부산, 울산 등 6개 광역시 전세가율은 68.7%를 보인 것으로 나타났다. 매매가격대비 전세가격의 비중을 의미하는 전세가율은 전세가격 변화에 따른 매매수요의 동향 및 매수시점 등을 파악하는 주요 변수 가운데 하나이다. 통상적으로 전세가율이 60%를 넘어서면 시장에서는 전세가격의 상승 시그널로 인식되어 매수세가 증가하는 것으로 이해되었다. 그런데 최근에는 전세가율이 평균 65%를 넘고 있음에도 요지부동이다.

　셋째, 월세 선호 현상의 지속이다. 최근 전세가격의 상승은 전세물건의 부족에 기인하는 측면이 크다. 많은 세입자들이 전세를 선호함에도 불구하고 전세물건의 일부가 지속적으로 월세시장으로 옮겨가기 때문이다. 저금리 기조가 지속되고 아파트 매매가격이 하락하고 있는 가운데 금리와 임대수익률간 역전현상은 임대인인 집주인들의 월세선호 현상을 더욱 강화시키는 원인으로 작용할 수밖에 없다.

　　　　　　　　　　　　　　　　　아파트 사회학

부동산관련 법안 통과 또는 8.28 대책의 효과와는 상관없이 시장에서는 이전과 다른 이례 현상이 이미 나타나고 있다는 점에 주목할 필요가 있다. 이례 현상으로 언급한 내용들은 부동산시장 관련 시스템의 구조적 변화와 연관된다는 점에서 향후 부동산 관련 정책의 '패러다임 시프트(paradigm shift)' 즉, '생태계의 변화'를 요구하는 시그널로 인식할 필요가 있다. 작금의 시장 변화를 단순히 거래 활성화를 통한 시장 안정에 대한 무게중심으로 보기보다는 새로운 부동산정책 방향의 모색에 초점을 맞춰야 하는 이유가 여기에 있다.

지표는 하락(↓) 심리는 보합 · 상승(↑)인 이유

주택시장의 침체는 북한의 핵실험보다 강했다. 2013년 2월 15일 현재 아파트 전세가격은 전주 대비 0.07% 상승한 반면 매매가격은 -0.02% 하락 했다. 전세가격 상승에 따라 아파트 매매가 총액은 줄어든 반면 전세가 총액은 늘었다. 1월말 전국의 아파트 값 총액은 1914조 원으로 2012년 12월 말보다 2조 2250억 원 줄어든 반면 전국 전셋값 총액은 1203조 원으로 3조 2800억 원 늘었다. 이에 따라 서울의 전세가율은 10년 만에 55.2%를 넘어섰다.(부산 전세가율 64.8%) 전세가격의 상승에도 불구하고 매매가격이 하락함에 따라 시장 자체는 하락 장세를 이어가고 있는 셈이다. 그럼에도 소비자 심리는 보합을 견지한 가운데 상승에 대한 기대감이 있다면 이런 판단 근거는 무엇일까?

첫째, 지속 하락에 대한 기술적 반등 기대감. KB국민은행 '주간아파트가격동향(11일 기준)'에 따르면 35주 연속 하락이 지속됐던 서울 아파트값이 2주째 보합세다. 5주 연속 하락했던 수도권도 2주째 보합을 이어가고 있다. 보합이 상승을 의미하지는 않지만 연속 하락의 고리는 일단 끊겼다. 이를 두고 섣불리 하락에 대한 반등 가능성을 점치는 것은 무리다. 그럼에도 '저가매수의 기회'에 솔깃하는 심리가 이런 반등 가능성을 부추기고 있다. 부동산은 심리다.

둘째, 박근혜정부의 주택 및 부동산정책에 대한 기대감. MB 정부의 주택시장은 해외경제여건의 악화와 내수부진 등으로 가격 상승에 대한 동력이 전반적으로 떨어진 시기였다.역설적으로 활황을 보였던 몇몇 지방시장을 제외하고는 지속적으로 하락했던 서울, 수도권 시장의 경우 박근혜정부의 출범에 따른 새로운 기대감이 시장에 존재한다. 그렇다고 기대감의 실체가 분명하게 있는 것은 아니다. 그럼에도 대선 기간 중 민생 경제와 주택가격 하락에 대한 우려 표명 등은 차기 정부의 주택정책에 대한 기대감을 갖게 하기에 충분하다.

셋째, 세계경제의 호전 가능성. 유럽발 재정위기, 미국발 금융위기 등의 여파가 남아 있지만 글로벌 경제지표가 호전되고 있다. 올해 중국의 8%대 성장이 가능성, 미국의 고용 및 주택경기 회복 또한 힘을 보태고 있다. 주택시장 전반의 지표는 하락($\downarrow$)하고 있지만 이에 반해 심리는 보합 또는 상승($\uparrow$)인 이유가 여기에 있다.

아파트 사회학

Chapter 04

아파트와
부동산 정책

부동산 정책의 주요 대상은 아파트만이 아니다. 그러나 대책의 대부분은 아파트 시장과 연관된다. 아파트 가격이 오르면 오르는 대로 내리면 내리는 대로의 대책이 반복되어 왔다. 그래서 부동산 정책은 없고 시장 상황에 따라 부동산 대책만 있다는 얘기가 나온다. 아파트 시장과 가격의 변동이 부동산 정책의 방향을 좌지우지할 만큼 영향력이 큰 것도 아파트에 대한 국민적 선호에 기인한다.

문재인 정부의 부동산 정책 그리고 부동산 대책

문재인 정부가 2017년 5월 출범한 이후 2년이 됐다. 그 사이 부동산관련 대책이 11차에 걸쳐 발표 되었다. 문재인 정부 들어 약 두 달에 한 번 꼴로 부동산 대책이 발표된 것이다.

문재인 정부에서 발표한 부동산 대책의 주요 내용은 '주택시장 안정'에 맞춰져 있다. 가격 급등 내지는 가격 상승의 진원지가 강남인 경우 주로 강남을 타깃(target)으로 한 대책이 주로 발표되었음을 확인할 수 있다.

문재인 정부의 부동산관련 발표 대책 내용과 특징

대책 회차	대책 발표 시점	대책 제목	대책의 주요 내용
1차	2017. 06.19	주택시장의 안정적 관리를 위한 선별 적 맞춤형 대응방안	– 조정대상지역 추가 – 전매제한기간 강화 – 조정대상지역 담보 인정 비율 및 총부채 상환비율 강화 – 재건축 조합원 주택 공급수 제한
2차	2018. 08.02	실수요자 보호와 단기 투기수요 억 제를 통한 주택시 장 안정화 방안	– 투기지역, 투기과열지역 지정 – 재개발 재건축 규제 정비, 양도소득세 강화, LTV, DTI 금 융규제 강화 – 자금 조달 계획 신고 의무화, 특별사법 경찰제 도입 등
3차	2017. 10.24	가계부채 종합 대책	– 2018 신DTI 도입, 총체적 상환 능력비율(DSR)조기도입. – 가계 부채증가율8%이내 관리, 부동산 임대업자 규제강화 – 부실가구 및 생계형 자영업자 등 취약차주 맞춤형 지원 등
4차	2017. 11.29	주거복지로드맵	– 청년·신혼부부·고령자, 저소득·생애주기·계층별 주거 지원 방안 – 향후 5년간 공적 주택100만 호 공급 계획 수립 등.
5차	2017. 12.13	임대주택 등록 활 성화 방안	– 임대 소득세·부동산 종부세 등 세제 혜택을 통한 임대주택 등록 활성화 – 전세금반환 보증 활성화 등 임차인 권리 보호 강화
6차	2018. 07.05	집 걱정 없이 일하 고, 아이 키울 수 있는 나라 만들기 를 위한 「신혼부 부·청년 주거 지 원방안」	– 신혼 부부 주거지원 방안(공공 지원주택, 공공 임대 주택) – 저렴한 내집마련 기회 확대(신혼 희망 타운, 분양 주택 신 혼부부 특별공급 확대) – 내집·전셋집 마련 자금 지원 – 한부모 가족 지원 강화 – 맞춤형 청년 주택 공급 확대 – 희망 상가 공급 – 7대 청년 주거 금융 지원
7차	2018. 08.27	공공택지지구 예정 및 투기과열지구, 조정지역 추가지정	– 수도권내 30만 호 이상 주택 공급 가능한 공공택지 30여 곳 추가 개발 – 서울 및 경기 일부 지역 투기지역·투기과열 지구 추가 지정
8차	2018. 09.13	주택시장 안정대책	– 조정대상지역 2주택 이상 보유자에 대한 주택분 종부세 최 고 세율 3.2% 중과 – 세부담 상한 150%에서 300%로 상향 – 과표 3–6억 구간 신설 및 세율 0.2%포인트 인상 등

아파트 사회학

9차	2018. 09.21	수도권 주택 공급 확대 방안(1차)	- 수도권 공공택지를 통한 30만 호 추가 공급(17곳 3.5만호) - 신혼 희망타운 조기 공급 - 도심내 주택 공급 확대 - 소규모 정비사업 활성화를 통한 도심내 공급 확대
10차	2018. 12.19	수도권 주택 공급 확대 방안(2차)	- 제2차 수도권 주택공급 계획 발표 - 41곳 15.5만 호
11차	2019. 05.07	수도권 주택 공급 확대 방안(3차)	- 제3차 수도권 주택공급 계획 발표 - 28곳 11만 호

자료: 서정렬(2017), "아파트 분양시장에 영향을 미치는 지역주택시장 특성 분석-청약경쟁률을 중심으로-", 「주택금융연구」통권 제2호, 한국주택금융공사 주택금융연구원, p.45의 내용을 재정리하여 인용.

강남에 대한 첫 대책이 문재인 정부 들어 처음으로 발표한 부동산 대책인 '6.19 대책'이기도 하다. 첫 대책 자체는 '주택시장의 안정적 관리를 위한 선별적 맞춤형 대응 방안'이었지만 타깃은 강남 재건축 시장의 가격 상승을 억제하기 위해 '재건축 조합원 주택 공급 수 제한'이 내용에 포함되어 발표되었다.

그렇다면 문재인 정부의 부동산 정책의 큰 그림은 무엇일까? '주거복지'라는 네 글자로 설명할 수 있다. 또한 '맞춤형 주택 및 부동산 정책의 추진'이라고 할 수 있다. 이것은 문재인 대통령 후보의 주택 관련 대표적인 슬로건이기도 하다. 대통령 후보시절의 대표적인 공

문재인 정부의 부동산관련 정책 추진 구조도

약 사항이니 대통령이 되었다면 그것이 부동산 정책의 큰 밑그림이 되었음은 주지의 사실이다.

문재인 정부 주택정책의 구체적인 골자는 1. 서민주거안정위해 매년 17만호의 공적임대주택 공급, 2. 신혼부부 집 문제 해결(공급 공공임대 30% 우선 공급), 3. 청년 맞춤형 주택 30만실 공급, 4. 저소득 서민주거복지 향상(홀몸 어르신 맞춤형 공동홈 등), 5. 사회통합형 주거정책(전월세상한제/계약갱신청구권 등) 등이다.

주거복지 자원의 배분을 통해 사회통합형 주거정책을 정립한다는 것이 문재인 정부 주택정책의 큰 방향이다. 이와 같은 주택정책을 달성하기 위해 주거복지 재원 조달은 보유세 강화를 통해 그리고 주택금융시장의 안정화는 가계부채 해결을 통해 완성한다는 것이다.

이와 같은 주택정책의 완성을 위한 시장 여건에 대응하는 대책이 최근의 3기 신도시를 통한 주택공급 방안으로 문재인정부 들어 발표된 11번째 부동산 관련 대책이기도 하다.

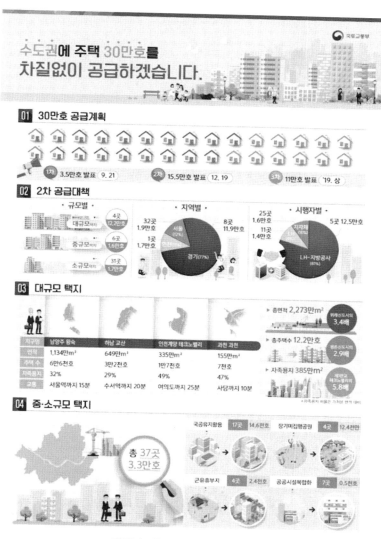

제2차 수도권 주택공급 계획(인포그래픽)

수도권 주택 30만 호 공급 방안(인포그래픽)

참고문헌

국토교통부(2018.12.19.). [보도자료] 2차 수도권 주택공급 계획 및 수도권 광역
교통망 개선방안.

국토교통부(2019.05.07). [보도자료] 수도권 주택 30만호 공급방안에 따른 제3차
신규택지 추진계획.

서정렬(2017)."아파트 분양시장에 영향을 미치는 지역주택시장 특성 분석-청약
경쟁률을 중심으로-",「주택금융연구」통권 제2호, 한국주택금융공사 주택금
융연구원.

수도권 3기 신도시가 강북, 강남 아파트 가격 올릴 이유

　수도권 3기 신도시관련 김현미 장관의 3차 추가지역 발표가 있은 직후부터 미묘한 변화가 감지된다. 변화의 진의는 발표에 따른 기대감이 아니다. 그 반대다. 우선 일산보다 서울에 가까운 고양 창릉지역이 이번 3차 발표에 포함되면서 일산신도시 쪽 거주자들의 반대가 심하다. 신도시 철회를 외친다. 왜 그럴까? 무엇이 잘못된 것일까?

　일산신도시에 거주하는 분들 입장에서는 3기 신도시 개발로 인한 낙수효과(trickle-down effect)보다는 오히려 역류효과(backwash effect)로서의 부정적인 상황이 예상되기 때문이다. 문재인 정부 출범 이후 강남 지역 아파트 가격 급등에 따른 수요를 분산시키기 위해 수도권

자료: 조선일보DB
　　http://biz.chosun.com/site/data/html_dir/2019/06/02/2019060200352.html

　　　　　　　　　　　　　　　　　　　　　　　　　　아파트 사회학

3기 신도시가 정책적으로 제안되었다. 강남지역 아파트 가격 상승에 따른 수요 증대에 대응하기 위한 수도권 3기 신도시개발이 맞고 틀리고의 논의는 차치하고라도 왜 일산신도시보다 가까운 서울 행정구역에 인접한, 거의 서울이라고 해도 과언이 아닌 지역을 신도시로 추가 개발하느냐는 것이 주된 이유다. 추가 신도시 개발에 따른 긍정적인 외부효과(external effect)를 기대해도 시원찮을 판에 추가 신도시의 입지 자체가 본인들이 거주하는 일산신도시의 가격 하락을 부추기는 부정적인 외부효과로서의 외부불경제(external diseconomies) 현상이 나타날 수 있다는 문제제기인 셈이다.

이러한 우려는 다음과 같은 이유로 현실이 될 가능성이 높다. 첫째, 강남 아파트 수요 확대에 따른 가격 상승 압력을 수도권 3기 신도시가 막지 못할 것이기 때문이다. 강남 수요는 강남 지역에 공급되는 아파트 등의 주택 공급에 반응한다. 강남 수요 또는 강남 아파트 (매매 또는 전세가격)상승 압력이 수도권 3기 신도시를 통한 총량적 공급에 대해서 강남 수요(자)는 비탄력적일 수밖에 없기 때문이다. 둘째, 이번에 추가된 3기 신도시 추가 지역들 일부는 서울에 인접해 오히려 강북 아파트 값을 끌어 올리는 부작용이 예상된다. 고양 창릉, 남양주 왕숙 등이 대표적이다. 특히, 고양 창릉은 서울과 거의 맞붙어 있다. 창릉 신도시 택지 매입에 따른 보상비는 대토 등의 비율을 높이더라도 다시 부동산시장으로 유입될 가능이 높으며, 분양시점에서의 상대적으로 높아진 분양가격은 인접한 강북지역의 아파트 가격을 높이는 배경으로 작용할 것이다. 이때 상대적으로 저렴한 강북 기존 재고 아파트에 대한 소비자들의 선호가 시장에 반영될 경우 강북인 서울 서북부지역의 아파트가격까지 들썩일 수 있다. 셋째, '인 서울(In Seoul)'로서의 '탈 경기(Exodus Gyeonggi-do)'현상이다. 고령화 등의 이유로 지역 부동산 값이 떨어져 빈집 비율이 13% 수준을 보이는 일본에서도 나타나는 현상이 동경권 또는 '인 동경(In Tokyo)' 현상이다. 이에 따라 인 동경의 집값은 하락하는 것이 아니라 오히려 상승했다. 수도권 3기 신도시의 서울 인접은 일본 사례처럼 오히려 이 때 '인 서울'하는 계기로 작용할 수 있다는 점이다. 이렇게 될 경우 창릉, 왕숙 인접지역인 서울 강북의 서북부, 동북부 지역 아파트 값이 들썩일 것은 불문가지라는 점이다.

국토교통부 대도시권광역교통위원회는 지난 10일 서울 코엑스와 잠실을 잇는 국내 최대 규모의 지하공간 개발사업인 '강남권 광역복합환승센터'(가칭) 지정을 최종 승인했다. 강남권 광역복합환승센터 개발 사업은 영동대로 삼성역~봉은사역 630m 구간에 수도권광역급행철도(GTX-A · C), 위례~신사 경전철, 지하철 2 · 9호선, 버스 및 택시 환승시설을 짓는 초대형 프로젝트로 2023년 준공예정이다. 사업비 규모는 국비 포함해 약 1조 3000억에 이른다. 이 복합환승센터는 기존 코엑스몰(Coex Mall)은 물론 현대차그룹의 통합 신사옥 GBC와도 지하로 바로 연결된다. 환승센터 지상 구간(630m)은 '차 없는 도로'가 되면서 녹지 광장으로 조성 된다. 서울 강남에 새로운 장소로서의 복합 문화 콘텐츠가 만들어지는 것이기도 하다.

이 프로젝트는 강남지역 재건축아파트의 인허가 불허 또는 시기 조정 등 강남 집값 상승 우려에 대비한 행정적인 규제 방안과는 별도로 강남지역의 '도시브랜드' 파워를 올리는 호재가 될 것은 분명하다. 여기에 현대차그룹 통합 신사옥(GBC)의 하반기 착공 등이 가시화 될 경우 그로 인한 시너지는 인근 강남지역에 대한 주택 수요 확대로 이어져 사업 대상지 주변 및 기존 강남지역 아파트들에 대한 가

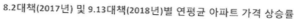

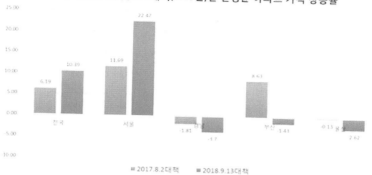

8.2대책(2017년) 및 9.13대책(2018년)별 연평균 아파트 가격 상승률

자료: 부동산114

자료: 서정렬(2019). "부울경지역의 주택시장 진단 및 향후 전망". 2019 주택금융 컨퍼런스. 한국주택금융공사.

격 상승 압력은 불가피할 것으로 보인다.

결국 수도권 3기 신도시에 대한 추가 발표는 일산신도시보다 서울쪽에 가까운 고양 창릉 등이 사업 대상지에 포함됨에 따라 서울 강북지역 아파트에 대한 대체재로서의 관심을 유도해 '인(In) 서울'을 부추길 가능성을 배제할 수 없을 듯 하다. 이것은 서울 서북부 강북지역 아파트들의 가격 상승 요인으로 작용할 수 있다. 여기에 이번 강남 영동대로 광역복합환승센터 개발 발표는 아파트 시장과 관련해 강남 브랜드 파워의 재 점화 또는 재 입증이라는 측면에서 강남 아파트의 가격 상승에 호재로 작용할 것이 분명하다는 점이다.

강남 광역복합환승센터 발 시그널은 문재인정부의 주택정책 측면에서 중요한 의미를 갖는다. 왜냐하면 이 사업 자체에 실린 여러 가지 의미들이 주택시장 변화와 맞물리면서 향후 중요한 모멘텀이 될 수 있다는 점이다. 문재인 정부 출범 이후 부동산관련 대책은 8.2 대책과 9.13 대책을 중심으로 변곡점을 맞았다. 각각의 대책이 발표된 시점의 강남을 포함한 서울과 다른 지역의 아파트 가격 상승률 차이를 살펴보면 그 이유를 바로 알 수 있다. 그 변곡점에서 정부의 타깃(target)이 바로 강남이었다는 점에서 지금까지 강남시장에 대한 '안정적인 시장의 유지 및 관리'가 이번 사업 승인으로 시장에서 어떻게 작동할지에 대한 면밀한 분석과 조치가 병행되지 않는다면 '시장market' 자체가 새로운 국면으로 전개될 수 있기 때문이다. 여튼 수도권 3기 신도시의 서울 인접 개발과 강남 핵심 지역에서 이루어지는 광역복합환승센터 승인 것은 문재인정부의 주택정책 및 부동산시장 관련해서 '양날의 검'이 될 수 있다는 점을 간과해서는 안 될 것으로 판단된다. 주사위는 이미 시장에 던져졌다.

수도권 3기 신도시가 부산 등 지역 '집값' 떨어뜨릴 이유

지난 5월7일 김현미 국토교통부 장관은 수도권 3기 신도시지역을 추가 발표했다. 이것은 국토교통부가 지난해 8월 27일 수도권 주택공급을 위해 총 30만 호 규모의 공공택지를 신규로 확보하겠다고 발표한 이후 금번에 3차로 11만호 규모의 공급대책을 추가 발표한 것이다.

발표 이후 수도권 1기 신도시인 일산신도시 주민들의 3기 신도시 반대 여론이 확산되고 있는 상황이다. 무엇이 문제일까? 주택공급 확대 정책이야 정부가 집값 상승 때마다 꺼낸 카드라 새삼스러울 것이 없는데 왜, 반대하는 것일까? 이유는 간단하다. 일산보다 서울에 가까운 곳을 3기 신도시로 추가지정(고양 창릉지구 813만m^2, 부천 대장지구 343만m^2 등) 함에 따라 서울로의 접근성이 더 좋은 탓에 일산지역의 집값이 떨어질 것이라는 우려가 작용한 것이다. 더욱이 일산신도시는 같은 시기에 개발된 서울 남단녹지 쪽에 조성된 분당 1기 신도시에 비해 가격상승 등이 상대적으로 높지 않아 일단의 피해의식이 있던 터라 이번 추가적인 신도시 발표를 통해 집값이 떨어질 것이 뻔한 저간의 인식이 3기 신도시 반대 여론에 힘이 실린 것으로 풀이된다.

일산신도시 집값이 얼마나 하락했는지는 정부 발표를 통해 확인되지 않았다. 그러나 일산신도시가 포함되어 있는 고양시의 아파트 주간 가격동향은 5월 7일 이후 지난주 대비 −0.02%(5.17일), −0.02%(5.24일), −0.06%(5.31일) 하락했다(부동산114). 문제는 고양 창릉, 부천 대장 지역이 서울 행정구역에 바로 인접한 탓에 이들 지역의 개발 압력이 서울의 강북지역으로 까지 확대될 수 있다는 점이다. 이것은 오히려 '탈서울'이 아니라 '인 서울(In Seoul)'에 대한 수도권 주변 수요자들의 니즈(needs)를 자극할 수 있다는 점이다.

상황이 이렇게 되면 하락하고 있는 부산 집값 상승 모멘텀을 늦추게 하는 소위 '제로섬 게임(zero-sum game)'이 될 수 있다. 3기 신도시 대책에 따라 '인 서울' 경향이 강남의 '똘똘한 한 채'에 대한 희소성이 더욱 높아질 경우 부산의 유효 수요를 서울 쪽으로 유인할 수 있다는 점이다. 실제로 9.13 대책에 따른 다주택자 양도세 중과 등으로 상속이 아닌 증여를 택하는 사례가 늘고 있으며, 지역 투자자들의 서울에 대한 관심과 무관하지 않다. 추가 발표된 3기 신도시가 수도권 일산의 집값을 하락시킬 뿐만 아니라 엉뚱하게도 부산 집값 상승에도 부정적일 수 있는 이유가 여기에 있다.

거꾸로 향하는 부동산대책과 더 '기울어질 운동장'

서울을 제외한 부산 등 지역 아파트 시장은 최근까지 회복 기미가 보이지 않고 있다. 시간이 지날수록 하방리스크(down side risk)가 커지고 있는 형국이다. KDI는 올해 우리나라 경제성장률을 당초 전망치보다 0.2% 더 낮췄다. 이제 2%대 중후반까지 낮아졌다. 지역 기간산업의 침체가 장기화되고 있다. 여기에 지난 몇 년간 이어진 지역 내 아파트의 공급과잉은 지역 아파트 가격의 하방성을 더욱 부추기고 있다.

반면에 서울 아파트 가격은 7월에 들어서면서 하락을 멈추고 반등의 모멘텀을 만들고 있다. 반등의 모멘텀은 부동산 시장과 관련된 정부 발표로부터 비롯되었다고 해도 과언이 아니다. 그중 첫 번째가 고양 창릉이 포함된 수도권 3기 신도시 추가발표다. 두 번째는 서울 강남 영동대로의 광역교통환승센터 관련 인허가의 진행이다. 고양 창릉이 일산보다 서울에 인접해 있으며 이로 인한 '인 서울(In Seoul)'에 대한 기대감이 증폭된 탓이다. 또한, 강남 광역도시교통환승센터 발표는 인접한 옛 한전부지에 개발되는 현대자동차의 글로벌 비즈니스 센터와 맞물려 폭발력 있는 시너지를 낼 것이라는 것은 주지의 사실이다.

별개인 듯 보이는 두 개의 사안은 기막히게 연관된다. 강남 수요를 3기 신도시 형태의 총량적 공급을 통해 서울 외곽으로 빼겠다는 것이 정부의 의도였다. 반면에 가격 상승을 촉발시킬 수 있는 강남 재건축 시장은 여전히 규제하면서 강남에 대한 관심과 수요를 집중시킬 수 있는 코엑스몰 지하에 개발되는 광역도시교통환승센터의 추진은 이율배반적이게도 정면으로 배치된다. 거의 동시에 발표된 서로 다른 방향으로 보이는 의사결정은 오히려 흡인요인이 강한 강남 발 개발 재료로 인해 '인 서울'에 대한 기대감을 증폭시켰다. 여기에 김 현미 국토부장관의 주택도시보증공사 분양가 제한 한계 언급은 결과 적으로 민간택지에 대한 분양가상한제 적용의 확대로 굳어지면서 상 황을 더욱 혼란스럽게 하고 있다. 주택시장 마저도 이쪽 아니면 저쪽 이라는 극단적 선택처럼 비춰진다.

그런 이유에서 애초부터 공정한 경쟁을 할 수 없는 상황에 비유하 는 '기울어진 운동장'으로서의 강남과 다른 지역, 또는 서울과 다른 지방 시장 간의 이분법적 대립각으로서의 구별은 오히려 선명해졌 다. 기울어진 운동장이 아닐 수도 있는 시장 상황을 더욱 기울어지게 만들고 있다는 점에서 이번 선택은 또 다른 잘못된 시작의 처음일 수 있다.

공동주택 공시가격 발표 속 '숨은 그림' 찾기

매년 1월 1일 기준으로 정부가 발표하는 부동산관련 공시가격은 재산세 납부의 기준이다. 따라서 정부가 발표하는 공시가격은 개인 입장에서는 자신이 보유한 부동산에 대한 객관적인 평가임과 동시에 납세의무를 갖는 소유자 입장에서는 부담의 정도를 파악할 수 있는 기준이기도 하다. 정부는 표준주택 및 토지관련 표준지 공시지가를 발표한 이후 지난 3월 14일 공동주택 공시가격을 발표했다. 정부는 '가격이 많이 오른 부동산에는 당연히 그만큼의 과세'가 있다는 나름 의 과세 기준을 밝힌바 있다. 정부의 표현처럼 가격이 올랐으니 오른 만큼 과세를 하는 것은 맞다. 문제는 과세의 형평성 측면에서 이번 공시가격 발표에 전혀 문제가 없냐는 것이다.

　정부는 보도자료와 김현미 장관의 언론 발표를 통해 "시세 12억 원 초과 고가 공동주택을 중심으로 공시가격의 형평성을 고려했다"고 밝혔다. 팩트는 맞다. 중저가 아파트보다 12억 이상의 소위 고가 아파트가격이 상대적으로 많이 상승했다면 세금 납부와 관련해 형평성을 고려하는 것이 바람직하기 때문이다. 그런데 문제의 12억 초과 아파트가 가장 많은 곳이 서울의 '강남'인데, 강남 아파트 가격을 누가 올렸는지를 따져보면 이야기는 조금 달라진다.

　서울 아파트가 '똘똘한 한 채'가 된 것은 정부의 부동산 대책의 결과인 탓이 크기 때문이다. 강남 아파트 가격이 다른 지역 아파트에 비해 상대적으로 많이 오르면서 문재인 정부의 강남 아파트 시장에 대한 규제의 칼날이 투기지역, 투기과열지구 지정 등을 통해 강화되었다. 그러나 박원순 시장의 여의도, 용산 개발은 강남을 자극해 규제 속에서도 가격이 상승하는 역효과를 만들어 냈다. 이때가 2018년 8월말 즈음으로 서울은 7달 만에 가장 큰 폭으로 올랐고 반면에 부산과 같은 지방은 2017년 10월 이후 하락세가 지속되면 때였다. 상황이 이렇게 되자 정부는 더욱 강남 집값 잡기에 정책적 역량을 집중했고 시장에서는 강남의 '똘똘한 한 채'가 보통명사화 되기 시작했다. 이번 아파트 등 공시가격을 발표하면서 정부도 밝혔듯이 서울의 공시가격을 14.%까지 올려야 했던 변동 사유를 '재건축 · 재개발 사업, 신규 아파트 수요 증가, 분양시장 활성화 등'에서 찾고 있듯이 강남 시장을 수요가 여전히 증가하는 가격 상승의 매력 덩어리로 만든 것은 다름 아닌 정부다.

　부동산 114 자료에 따르면 서울 아파트 가격은 2018년 한 해 동안

　　　　　아파트 사회학

18.8% 상승했다. 전국 9%, 부산 −1.58% 하락한 것과는 대조적이다. 그렇다면 소위 서울 강남 3구(강남, 서초, 송파) 아파트 가격은 얼마나 상승했을까? 그리고 올랐다면 그 가격을 올린 것이 정부일까? 아니면 거기에 살고 있는 사람들일까? 일단 강남3구의 아파트 가격은 2018년 한 해 동안 17.6% 상승했다. 서울 평균인 18.8%보다 1.2% 낮은 수치다. 그럼에도 서울과 강남은 다른 지역에 비해 아파트 가격이 많이 올랐으니 현실을 과세로 반영했다고 한다면 할 말은 없다. 만약 위의 논리라면 지방 아파트 가격이 떨어진 것은 지역 경제를 살리지 못한 지자체장 또는 정부가 역할을 못한 것이 아니라 정부의 말처럼 집 팔라는데 집 갖고 있는 사람들 탓일 수 있다는 점에서 이번 아파트 등 공시가격 결정은 결국 세금으로 '강남 때리기'라는 일부의 평가에 대해 변명이 궁색할 수 있다는 인상을 지울 수 없을 듯하다.

서울 이외지역으로서 부산, 울산 등과 같은 지역에서는 최근 역전세난 현상이 더욱 두드러졌다. 최근 몇 년간의 분양시장 호황의 결과다. 많이 올랐고 많이 분양했다. 역외자본은 지역시장을 들었다 났다 해놓으면서 가격을 올리고는 빠져버렸다. 공급 과잉의 가격 하락 여파는 지역 내 수분양자들에게 전가됐다. 전세 물건이 넘치니 전세 등의 임차인 구하기도 어렵고 떨어진 전세값을 되돌려 주어야 할 판이니 갭 투자한 사람들과 가격 오를 거라고 기대하고 막차 탔던 분들은 누구에게 원망을 돌릴 수도 없다. 자신의 의사결정으로 잘못된 투자 탓이라고 돌리기에는 지금의 시장 분위기는 속이 쓰리다.

이런 때문인지 지난 19일 국토교통부의 자료에 따르면 2월 전국 주택 매매거래량은 4만 3444건으로 작년 2월 6만 9679건과 비교해 37.7% 감소했다. 최근 5년 평균치 7만 100건에 비해서도 38.0%나 감소한 수치다. 여기에 이번 공시가격 결정과정에서 몇몇 다세대주택 사례들은 시세보다 공시가격이 더 높게 매겨져 서민들이 거주하는 다세대 주택을 통해 세금을 더 걷으려는 거냐고 과세 형평성 문제를 제기하고 있기도 하다. 지방에서는 집값도 떨어졌는데 세금은 더 내는 것 아니냐는 볼멘소리도 나온다. 공시가 인상은 결국 정부의 초과 세수 확대를 위한 것 아니냐는 소리도 있다. 실제 지난해 정부는 25조 수준의 초과 세수를 징수한 바 있다.

이번 아파트 등 공시가격 발표 이후 아파트 가격이 하락한 지역에서는 공시가격을 낮췄더라고 하더라도 1가구 1주택 소유자 등을 중심으로 공시가격 조정에 대한 다수의 민원이 제기될 것으로 예상된다. 소유한 집값은 떨어졌고 퇴직 등으로 생활비 마련이 어려운 경우 공시가격에 따른 세금 납부 자체가 부담이 될 수 있기 때문이다. 집을 갖고 있으니 세금은 내야하는 당위에도 불구하고 그렇다고 집을 바로 팔아야 한다는 의사결정도 어렵기는 매한가지다. 이번 아파트 등 공동주택 공시가격 발표로 서울은 서울대로 지역은 지역대로 '숨은 그림' 찾기가 한창이다. 묻고 싶다. 작금의 상황이 정부가 의도한대로의 시장 상황인지? 방향은 맞게 가고 있다고 판단하는 것인지? 분명한 것은 불확실성이 커지고 있는 시장의 분위기를 정부는 설명할 수 있어야 하는 것이 아니라 알기 쉽게 설명해 주어야 한다. 한국은행에서 발표한 '최근 전세시장 상황 및 관련 영향 점검 (2019.3.19.)' 보도자료[30] 내용처럼 아직은 우려할만한 수준은 아니지만 부채 레버리지가 높은 일부 다주택 등의 경우 보증금 반환에 어려움을 겪을 수 있다고 볼 수 있다. 따라서 지역의 공시가 상승률이 높지 않다는 것만으로 상황을 판단할 수 없다는 점에서 지역 시장 상황

---

30) 한국은행(2019.3.19.). [보도자료] 최근 전세시장 상황 및 관련 영향 점검.

아파트 사회학

을 면밀히 살펴볼 필요가 있을 것으로 판단된다.

금리인상과 전세값 하락 국면의 주택정책적 함의

이낙연 총리가 지난 9월 13일 국회 대정부질문에서 기준 금리인상 심각하게 생각할 때가 됐다는 취지의 발언을 한 바 있다. 이 총리가 언급한 구체적인 내용은 이렇다. "금리 인하가 결국은 빚내서 집을 사자는 사회적 분위기를 만들었고 가계부채 부작용을 낳았다"며 "이 문제(금리 인상)에 대해서 조금 더 심각히 생각할 때가 충분히 됐다는 것에 동의 한다"[31]고 밝힌 것이다. 이로부터 2달 반 정도 지난 11월 30일 한국은행은 기준금리를 기존 1.5%에서 0.25% 올린 1.75%로 인상했다.

금리인상은 주택소비와는 역상관 관계다. 금리가 올랐다는 것은 이자가 오른 것이고 내집마련에 있어 대출을 끼고 집을 살 수밖에 없는 실수요를 포함한 대부분의 서민들에게는 집을 사지 말라는 신호와 같기 때문이다. 그 같은 맥락으로 이낙연 총리도 국회에서 그렇게 언급한 것이라 짐작된다. 그러나 이낙연 총리의 금리인상 언급에는 또 다른 이유가 있다. 현재 우리나라 가계부채는 1,400조 수준이다. 너무 크다. 가계부채 발 악재라도 터지면 은행까지 부실해질 것을 우려한 것이다. 은행이 부실해지면 몇몇 은행만의 문제로 그치지 않는다. 청약경쟁률이 높았던 좋은 분양시장 분위기에 편승해 '밀어내기식' 분양으로 물량을 확대해 온 일부 건설업체에 대한 PF(Project Financing) 보증 등 채권확보 등으로 부실 문제가 커질 수 있기 때문이다. 만약

---

31) 중앙일보(2018.11.30). 이낙연의 독촉, 이주열 반박…한은 움직인 결정적 장면.
   https://news.joins.com/article/23169763

이들 부실 업체들이 도산 한다면 가계부채 발 악재가 도미노처럼 확산돼 그렇지 않아도 경제 상황이 좋지 않은 상황에서 우리나라 경제를 돌이킬 수 없는 상황 속으로 빠지게 할 수 있다는 절박함 때문이다.

여기에 1,000조 가량의 부동자금은 언제든지 부동산으로의 쏠림 현상을 촉발하기에 충분하다. 이런 가능성을 우리는 경험했다. 얼마 전 분양된 서울 강남 서초에서 분양한 우성아파트 재건축부지에 들어서는 '리더스원'사례가 그것이다. 232가구 모집에 9671명 접수, 최고경쟁률 전용59m^2 422대1 전체 1순위 청약경쟁률 42대 1을 기록했다. 가장 저렴한 전용 59m^2의 분양가격이 12억 원으로 분양가격이 9억 원을 초과하기 때문에 중도금 집단대출 지원이 안돼 최소 10억 이상의 현금 필요한 청약이었다. 분양 가격이 최소 12억~39억 원인 이 아파트의 당첨자는 중도금 대출 없이 2~3년 안에 계약금과 중도금으로 최소 10억 원 이상을 내야 하는 점을 감안할 때 이번 청약으로 약 13조원의 대기 자금이 몰린 것을 의미한다.

지역의 실수요자들은 정부의 금융 규제 강화 방안의 일환으로 도입된 DSR 등으로 인해 은행 대출문턱이 높아진 탓에 그나마 오래간 만에 아파트 가격이 떨어져 내집 마련을 꿈꾸나 했는데 이번 금리인상으로 사실상 내집마련 기회가 더 어려워졌다. 금리인상은 누군가에게는 아무런 영향도 없는 반면 그 반대의 영향을 받는 사람들에게는 이제 '넘을 수 없는 벽'이 만들어진 셈이다.

전세값 하락이 본격화 됐다고 언론들이 전한다. 전셋값이 상대적으로 안정세를 보이며 서울 아파트의 매매가 대비 전세가 비율(전세가율)이 5년여 만에 처음으로 60% 밑으로 떨어졌다. 12월 2일 국민은행의 부동산 플랫폼 'KB부동산 리브온'이 발표한 11월 주택가격 월간 통계에 따르면 지난달 서울 아파트 전세가율은 59.6%를 기록해 60%의 벽이 깨졌고 서울 아파트 전세가율이 60% 미만으로 내려간 것은 2013년 9월 59.1%를 기록한 이후 5년 2개월 만에 처음 있는 일 연합뉴스(2018.12.02.). 서울 아파트 전세가율 60%대 깨졌다…5년 2개월 만에 처음있는 일[32]이라고 한다.

천정부지의 전세값이 내린다고 하니 집없는 서민들에게는 희소식이다. 그러나 전세값 하락은 집 없는 모든 사람들에게도 좋은 일일까? 대체로는 그렇다. 오르기만 하던 집값이 내릴 수 있다는 전조로서의 시그널일 수 있으니 말이다. 그러나 꼭 그렇지만도 않을 듯하다. 어떤 세입자들에게는 전세보증금도 못 챙길 수 있는 상황일 수 있기 때문이다. 바로 역전세난이다. 이미 지방에서는 간간히 역전세로 인한 피해 사례가 발생하고 있다. 특히 입주물량이 많은 경남·충남·부산 등에서 이런 문제가 잦은 것으로 나타났다.

경남도만 하더라도 2019년과 2020년 사이 (2~3년전 분양된)입주예정물량이 5만 3천여 세대에 이른다. 부산은 더 심하다. 부동산 114 자료에 따르면 2019년 25,615세대, 2020년 23,519세대, 2021년 16,767세대 등 예년 공급량보다 많은 물량들이 해마다 입주예정물량으로 시장에 나온다. 이들 물량들은 현재 수분양자들이 있다. 생애최초 내집마련 세대라면 그래도 낫다. 입주시점에 프리미엄을 떨어졌지만 들어가 살면 된다. 문제는 대체 수요자들이다. 입주 프리미엄은 떨어진 상황에서 입주물량과다(=공급물량 과다)로 인해 살던 내 집이 안

---

32) 연합뉴스(2018.12.02.). 서울 아파트 전세가율 60%대 깨졌다…5년2개월 만에 처음.
https://www.yna.co.kr/view/AKR20181202015300003?input=1195m

팔릴 가능성 높아진 것이다. 가격이 떨어지는 상황에서 기존 집을 팔려면 가격을 낮춰 팔아야 한다. 프리미엄 얹어서 산 대체 소비자들에게는 최악일 수 있는 상황이 지금 벌어지고 있는 것이다. 지역별로 특별한 재료로서의 반등 모멘텀이 만들어지지 않는 한 최악의 시나리오는 진행될 수밖에 없다.

현재의 상황이 서울도 가격이 하락 국면으로 바뀌었고, 지방은 이미 하락 장세니 주택시장이 연착륙(soft landing)할 것으로 기대할 수 있다. 그러나 정부는 고민해야 한다. 지금의 상황이 대세 하락의 깊은 수렁으로 빠지는 것은 아닌지 경계해야 한다. 서울 강남에 집중하기보다는 오히려 지역 시장의 변화를 세밀히 살펴볼 필요가 있다. 인구소멸시대, 지역의 기간산업은 침체일로다. 지역 근로자가 다니던 직장에서 해고 되어 다른 지역으로 빠져 나간다면 지역 주택 소비자가 이탈 한 것이나 다름없다. 지역의 어려움이 여기에 있다. 현재 상황을 정부가 얼마나 중차대하게 생각하느냐가 대단히 중요해졌다. 주택시장은 점점 계절적 비수기로 접어들고 있다.

8.2대책 1년과 새로운 의식주 문화의 출현

서울은 박원순 시장의 여의도, 용산 개발 발언으로 상승 동력에 불이 붙었다. 박원순 발 여의도, 용산 개발 발언으로 촉발된 주택 가격 상승 압력에 급하게 중앙정부 관계부처 김현미 장관의 소방관을 자처 했지만 대놓고 서울시 영역이라고 선 긋고 나서는 바람에 모양새만 이상해진 상황이다. 이미 불붙은 투자심리에 추가적인 투자자들까지 때를 기다리고 있다. 저금리 상황에서 8.2 대책 등으로 갈 길 막혔던 부동자금이 여의도, 용산 개발 소식에 갈 길을 찾는 것은 어쩌면 자연스러운 집중이라고 할 수 있다. 이미 마(포) · 용(산) · 성(동)이 있었는데 이제는 여의도까지 추가 되었으니 '마 · 여 · 용 · 성', 마(포) · 여(의도) · 용(산) · 성(동)으로 불러 주어야 할 판이다. 이상은 서울발 상황이고 서울 이외의 지역인 지방 시장은 연일 미분양과 준공 후 입주물량이 쏟아진다는 소식으로 하락의 골이 더 깊어지고 있다.

그러나 8.2 대책이 아니더라도 지방의 준공 후 물량 확대는 이미 예견된 일이라고 할 수 있다. 부동산 114의 데이터를 통해 살펴보면 부산의 경우 8.2 대책이 발표된 작년 매년 평균 분양 물량인 약 1만 5천 세대를 넘어 2만 1천여 세대가 분양되었는데 2011년 2만 2천 여 세대, 2014년 2만 2천 여 세대 등 이미 그 이전부터 지역 평년 수준의 분양 물량을 초과해 공급 과잉의 징후를 보여 왔기 때문이다. 울산, 대구, 경남 시장 등도 마찬가지로 평년 평균보다 많은 물량들이 저금리 기조 하에서 분양권 전매라고 하는 '폭탄 돌리기'와 업체들의 밀어내기 식 분양이 맞물리면서 그 누구도 막을 수 없는 상황을 증폭시켜왔다고 봐야 할 것이다. 물론 8.2 대책 등으로 인해 분양권 전매와 1순위 청약 금지 등의 여파로 다소간 시장의 고삐가 잡혔다고는 할 수 있겠지만, 분양 물량 확대 등 공급 과잉으로 인한 향후 준공 후 입주물량의 증가는 8.2 대책 이전부터 그런 상황을 누적 시켜왔다고 보는 것이 맞다. 따라서 일부 언론에 소개되는 것처럼 8.2 대책의 효과라고 보기보다는 그 이전부터 예견된 상황이라는 것이 적확한 표현이라고 볼 수 있는 대목이다.

양극화와 차별화 그리고 탈동조화는 최근 몇 년 동안 주택시장을 읽는 중요한 기준이었으나 최소한 양극화는 초양극화라는 것으로 진화되는 중이다. 『지방소멸』의 저자 마스다 히로야가 동경 중심의 인구집중 현상을 두고 언급했던 '극점사회'처럼 박원순 발 여의도, 용산 개발의 서울 발 집값 상승의 신호탄은 서울과 지방 간 격차를 더욱 크게 만들어 이미 시작된 초양극화 현상을 더욱 가속화 시키는 계기로 작용할 것으로 보인다.

욜로(YOLO, 현재를 즐기는 라이프스타일), 횰로(나홀로 욜로), 가성비(가격대비 성능), 탕진잼(소액으로 탕진을 맛보는 재미). 젊은 사람들이 한 때 많이 썼던 단어들이다. 따라서 이제야 그리고 최근에서야 단어 뜻과 의미를 알았다면 변화되는 사회 트렌드의 속도를 본인이 따라가지 못한다고 생각해도 무방할 듯하다. 요즘 젊은이들은 벌써 다른 트렌드나 변화에 관심을 갖고 있다. 그만큼 사회 변화의 속도와 그것을 담아내는 생활 방식이나 사고방식의 속도가 빠르다는 얘기다.

최근 변화되고 있는 주거 트렌드를 두고 일찍이 주택건설회사로서는 드물게 R&D 차원에서 라이프스타일센터를 세워 소비자의 니즈(needs)를 파악해온 피데스 김승배 대표는 "주택시장의 양극화가 더 빨라지고 더 심해진다"고 언급한다. 최근 소형 선호와 비주류 상품으로 이른 바 틈새 주택형으로써 아파텔(주거형 오피스텔) 등의 대안 상품이 선도하게 될 것으로 보고 있다. 여기에 1~2인 가구 중심의 인구구조 변화는 작지만 가격 경쟁력이 강한 강소주택(强小住宅)에 대한 선호와 이와 관련된 틈새 상품의 약진을 예상하고 있다.

최근 변화되고 있거나 각종 케이블 방송을 통해 나타나고 있는 의, 식, 주와 관련된 트렌드의 변화를 키워드 중심으로 나열하면 다음과 같다. 의(依)는 '옷'보다 '화장'이다. 여자뿐 아니다. 남자들도 화장을 한다. 여자들과는 다르지만 피부 보호 등을 위해 기초 화장 정도를 하는 남자들이 더 늘었다. 화장을 옷처럼 입는 것이다. 관련 케이블 방송과 개그맨 출신의 모 연예인은 화장술과 관련해 일찌감치 중국까지 진출해 판로를 개척하고 있다. 그나마 옷은 쉬크(chic)하지만 저렴한 패스트 패션(fast fashion)이 대세다. 이유는 간단하다. 저렴하기 때문이다. 식(食)은 소위 '먹방'이다. 젊은 사람들 입장에서는 취업도 어렵고, 집값은 계속 올라 내 집을 쉽게 살 수도 없는 상황이니 스스로 소확행을 먹는 재미에서 찾고 있다고 볼 수 있다. 먹는다고 무엇인가를 많이 먹어 배부른 포만감을 선호하는 것이 아니라 평소에 먹스타그램 등을 통해 먹고 싶었던 음식을 찾아 먹는 것을 의미한다. 주(住)도 '먹방'이다. "언제쯤 부모님들과 같은 세대처럼 내 집 하나는 마련해야 하고 이왕이면 집도 가격이 제법 비싼 집을 갖을 수 있을까?"하는 생각에 '집'을 의미하는 한자 '주(住)' 역시 집 보다는 지금으로서 현재를 즐기는 의미로서의 '먹방'이다. 그래서 얼마전 케이블 티브에 나왔던 '숲속의 작은 집'처럼 작지만 자기만의 삶을 오롯이 즐길 수 있는 작은 집으로서의 협소주택, 아니면 리모델링한 작은 단독주택을 희망하는 젊은 사람들이 늘고 있다.

분명한 것은 이러한 의식주에 대한 이해와 견해가 젊은 사람들의 의식을 다 대변한다고 할 수는 없지만 분명, 이들의 의식 변화는 이전 기성세대와는 다른 주거 트렌드를 만들어 내는 쪽을 향하고 있다는 것이다. 어쩌면 8.2대책 후 1년보다 최근 변화되고 있는 젊은 세대, 기성세대들의 의식주에 대한 의식 변화를 살펴보는 것이 향후 시장의 변화를 먼저 살펴볼 수 있는 단초가 될 수 있다.

수도권 3기 신도시가 부산 '집값' 떨어뜨릴 이유

지난 5월 7일 김현미 국토교통부 장관은 수도권 3기 신도시지역을 추가발표 했다. 이것은 국토교통부가 지난해 8.27일 수도권 주택공급을 위해 총 30만 호 규모의 공공택지를 신규로 확보하겠다고 발표한 이후 금번에 3차로 11만 호 규모의 공급대책을 추가 발표한 것이다.

발표 이후 수도권 1기 신도시인 일산신도시 주민들의 3기 신도시 반대 여론이 확산되고 있는 상황이다. 무엇이 문제일까? 주택공급 확대 정책이야 정부가 집값 상승 때마다 꺼낸 카드라 새삼스러울 것이 없는데 왜, 반대하는 것일까? 이유는 간단하다. 일산보다 서울에 가까운 곳을 3기 신도시로 추가지정(고양 창릉지구 813만m^2, 부천 대장지구 343만m^2 등) 함에 따라 서울로의 접근성이 더 좋은 탓에 일산지역의 집값이 떨어질 것이라는 우려가 작용한 것이다. 더욱이 일산신도시는 같은 시기에 개발된 서울 남단녹지 쪽에 조성된 분당 1기 신도시에 비해 가격상승 등이 상대적으로 높지 않아 일단의 피해의식이 있던 터라 이번 추가적인 신도시 발표를 통해 집값이 떨어질 것이 뻔한 저간의 인식이 3기 신도시 반대 여론에 힘이 실린 것으로 풀이된다.

일산신도시 집값이 얼마나 하락했는지 정부 발표를 통해 확인되지 않았다. 그러나 일산신도시가 포함되어 있는 고양시의 아파트 주간 가격동향은 5월 7일 이후 지난주 대비 −0.02%(5.17일), −0.02%(5.24일), −0.06%(5.31일) 하락했다(부동산114). 문제는 고양 창릉, 부천 대장 지역이 서울 행정구역에 바로 인접한 탓에 이들 지역의 개발 압력이 서울의 강북지역으로 까지 확대될 수 있다는 점이다. 이것은 오히려 '탈서울'이 아니라 '인 서울(In Seoul)'에 대한 수도권 주변 수요

아파트 사회학

자들의 니즈(needs)를 자극할 수 있다는 점이다.

상황이 이렇게 되면 하락하고 있는 부산 집값 상승 모멘텀을 늦추게 하는 소위 '제로섬 게임(zero-sum game)'이 될 수 있다. 3기 신도시 대책에 따라 '인 서울' 경향이 강남의 '똑똑한 한 채'에 대한 희소성이 더욱 높아질 경우 부산의 유효 수요를 서울 쪽으로 유인할 수 있다는 점이다. 실제로 9.13 대책에 따른 다주택자 양도세 중과 등으로 상속이 아닌 증여를 택하는 사례가 늘고 있으며, 지역 투자자들의 서울에 대한 관심과 무관하지 않다. 추가 발표된 3기 신도시가 수도권 일산의 집값을 하락시킬 뿐만 아니라 엉뚱하게도 부산 집값 상승에도 부정적일 수 있는 이유가 여기에 있다.

'똑똑한 한 채'의 부동산 정책적 함의

최근 부산 분들이 서울 강남 아파트에 관심이 많다는 얘기를 많이 듣는다. 부산 분들만이 아니다. 실제로는 지역 다주택자들이 정부의 규제 탓에 똑똑한 한 채를 찾아 우리나라 대표 전국구 시장인 서울 강남 아파트를 매집하고 있다는 것이 옳은 표현일 듯 하다. 인터넷 포털을 검색하면 '똑똑한 한 채'가 자동 완성 컨텍스트로 검색될 정도다. 왜, 갑자기 똑똑한 한 채가 주목받는 것일까?

이는 최근 정부의 다주택자들에 대한 규제와 상관된다. 정부는 이미 8.2대책 등을 통해 2018년 4월부터 다주택자들에 대한 규제가 강화되니 다주택자들은 보유한 주택을 처분하는 것이 좋다는 취지로 다주택자에 대한 양도세 중과 방안을 발표한바 있기 때문이다. 문재인 대통령의 홍은동 자택 처분도 이러한 맥락이라고 발표한 바 있다. 그러나 다주택자들에 대한 정부의 규제 강화 방안은 시장에서 '규제의 역설'로 거꾸로 작용하고 있다. 규제를 강화한다고 하니 규제를 피해갈 수 있는 상품으로 갈아타는 것이고 이를 통해 규제를 따르기보다는 버티겠다는 것이다.

실제로 이러한 영향 때문인지 지난 18일 국토교통부 실거래가 자료를 분석한 결과 지난해 20억 원 이상 고가 아파트 거래량이 강남구의 경우 637건으로 전년 연간 거래량 402건보다 급격하게 증가한 것으로 나타났다. 거래량이야 시장 상황에 따라 일시적으로 늘어날 수 있다고 치더라도 이러한 경향이 지속될 것이라는 우려는 주택시장을 연착륙시키고자하는 정부 입장에서는 곤혹스러울 수밖에 없다.

정부는 이러한 상황에 대해 위기의식을 갖는 듯하다. 강남 맞춤형 보유세 강화 카드를 빼드는 것 등이 그러한 짐작을 가능케 한다. 강남 맞춤형 보유세 강화의 실현여부와는 상관없이 문제의 심각성은 다른데 있다. '똘똘한 한 채' 문제를 대하는 정부의 인식이다. 정부는 작금의 강남 집값 상승 문제를 보유세 등으로 해결하면 된다는 식이다. 그러나 이미 노무현 정부 때 강남 집값 잡으려다가 실패한 '정부 실패(government failure)' 경험을 갖고 있다. 그래서 더욱 강남 집값 문제에 예민하다. 그러나 문제는 그러한 경험이나 학습을 동시대를 살고 있는 다주택자들도 똑같이 경험했다는 점이다. 그래서 항간에는 '시장을 이기는 정부는 없다'는 이유로 버티기에 들어간 다주택자들이 많다는 점을 간과해서는 안된다. 강남 집값의 향배 자체가 지역 시장에 미치는 바로미터라는 점에서 정부의 합리적이고 차분한 대응이 중요할 것으로 판단된다.

아파트 사회학

주택시장 실패의 원인, 정부인가 시장인가?

서울 아파트 시장은 61주 만에 하락세로 돌아섰다. 지방도 마찬가지다. 서울과 지방 시장의 방향은 동일하나 과정은 전혀 달랐다. 올해 들어 10월까지 서울의 집값 상승률이 10년 만에 가장 높았던 반면 지방은 14년 만에 처음으로 하락한 것으로 나타났기 때문이다. 지난 11일 한국은행 경제통계시스템에 따르면 10월 기준 서울 주택매매가격지수는 작년 말보다 6.0% 상승했다. 같은 기간(1~10월) 상승률을 보면 2008년(11.8%) 이래 최고 상승률이다. 반면 올해 들어 지방 주택가격은 0.8% 내렸다. 같은 기간 기준으로는 2004년(-0.8%) 이래 첫 하락이다. 차별화 양극화로서의 서울과 지방의 시장 격차가 커진 것이다. 이러한 결과는 지방 시장의 추가 하락을 가속화 시킬 것으로 예상된다. 전국 미분양 주택은 총 6만 596호. 수도권을 제외한 지방 미분양이 5만 2945호로 전체의 87.3%를 차지했다. 매수세가 실종된 지방의 경우 향후 입주 물량이 지속적으로 시장에 공급된다고 하면 여전히 공급 과잉에 따른 추가 하락이 그만큼 불가피할 것으로 보인다.

부울경 지역의 침체는 다른 지역에 비해 더 크고, 더 길 것으로 보인다. 가격 하락에 따른 매수세 실종은 추가 하락을 부추기는 것은 기본이며, 소위 깡통전세, 깡통주택이 늘어날 전망이다. 실제 깡통전세 우려로 전세금반환보증 가입액도 1년새 1조원이나 급증했다. 지난 6일 주택도시보증공사(HUG)에 따르면 지난달 전세보증금반환보증 가입 가구수는 1조8625억원으로 올해 월별 최고치를 기록했다. 경남 김해 장유동 소재 모 아파트는 현재 매매가격보다 전세보증금액이 더 크다. 집값이 4천만원 수준 하락했기 때문이다. 창원시 소재 모 아파트의 매매가격 대비 전세보증금 차이는 5천만원 수준으로 더 벌어졌다.

지방의 깡통주택, 깡통전세가 증가하고 있는 이유는 간단하다. 2014년~2016년 주택시장 호황 때 공급물량이 증가했기 때문이다. 이 때 공급된 아파트들의 입주가 올해와 내년에 집중된다. 부동산114에 따르면 경남 지역의 경우 2010년대 초반 연평균 6000~2만가구에 불과했지만 지난해 4만여가구로 2배 이상 급증했다. 여기에 조선·자동차 등 지방 산업의 붕괴까지 겹치면서 집값 하락이 가속화 하고 있다. 이러한 현상은 부산도 마찬가지다. 부산지역은 2~3년 이내 입주물량이 4만세대 이상이다. 이에 대한 정부의 대책은 미온적이다. 지난 9·13 부동산 대책에서 미분양이 많은 지역의 주택 공급 물량을 조절하고 깡통전세, 역전세 위험지역의 세입자 보호를 위해 전세보증금 반환보증에 대한 위축지역 특례제도를 도입했을 뿐이다.

시장의 실패를 막기 위해 정부가 개입한다. 시장의 실패에 이은 정부개입이 적절하지 못하다면 정부의 실패 역시 불가피 하다. 정부 실패를 막기 위해서라도 집값 오른 서울 시장과는 달리 추가적인 하락이 불가피한 지역시장에 대한 면밀한 검토가 요구되는 이유다.

지역 부동산시장 침체 부채질하는 9.13 대책

9.13 부동산 대책 때문일까? 전국 부동산 시장이 주춤하고 있다. 현재의 시장 상황은 정부가 바란 대로다. 그러나 서울과 일부를 제외한 대부분의 지역 부동산 시장은 침체 일로다. 보다 정확하게는 시장의 내홍이 더욱 깊어지고 있다. 부산은 8.2 대책 1년여 지난 이후 거래는 반 토막 난 상황에서 가격은 2017년 10월부터 2018년 9월 말까지 지속적으로 떨어지고 있다.

몇 년 동안의 분양시장 호황으로 인한 부산 지역 내 수요 이상의 과잉공급이 만든 결과를 가격 하락이라는 상황으로 경험하고 있는 상황에서 발표된 9.13 부동산 대책은 하락 가속도를 더 크게 만들고 있다. 아니 경우에 따라서는 지역 역차별의 문제로까지 느껴지는 문제점을 안고 있다. 그것은 부산의 경우 가격 하락 국면이지만 가격이 급등했던 서울과 일부 지역처럼 언제든지 가격 반등의 가능성이 있는 조정대상지역이라는 멍에를 여전히 갖고 있는 상황이기 때문이다.

　지역의 부동산 시장 분위기가 꺾인 상태지만, 여전히 조정대상지역이라는 규제가 해제되지 않은 상태로 9.13 대책의 내용으로 인해 부산지역 시장이 겪어야할 침체 국면의 속살을 살펴보면 다음과 같다. 첫째, 조정대상지역에 속한 부산 1주택보유세대는 원칙적으로 주택담보인정비율(LTV)과 총부채상환비율(DTI)를 원칙적으로 '0%'가 적용되어 대출을 받을 수 없다. 지역 주택가격의 조정 기간 동안 주택구매력이 있는 대체수요자들 조차 동결되는 역효과가 예상된다. 둘째, 이런 대체 수요자들이 조정대상지역의 해제 불가로 청약 통장 사용 시 1순위 청약요건 강화 요건 때문에 청약 통장 사용이 제한된다. 이 경우 지역 일반 수요자에 의한 가수요 비율 등을 줄일 수는 있으나 오히려 '떴다방'들에 의한 불법 청약통장의 유입 등으로 지역 실수요자로서의 대체 수요자들이 피해를 볼 수 있는 구조가 만들어질 수 있다. 현재 시중에 떠도는 부동자금이 1100조 수준이다. 마땅한 투자처를 찾지 못한 부동자금이 몰리면 문제는 더욱 복잡해진다. 지역에서조차 주택가격이 상승하는 이유를 알지 못하는데 오르는 광주시의 아파트 가격에 대한 해석이 가능한 배경이 바로 부동자금의 유입에 따른 호가 상승이라는 해석이 그럴 듯하게 읽혀지는 이유다. 셋째, 정부 정책에 대한 불신의 골이 깊어질 가능성이 있다는 점이다.

정부의 투기적 수요를 막겠다는 의지와는 상관없이 9.13 대책의 내용이 기계적으로 작동 될 경우 지역 시장이 급격히 나빠지는데 정부는 의도하지 않은 기여를 할 수 있다. 정부의 의도가 이것이 아니었다면 예상되는 부작용에 대한 발 빠른 대처가 요구된다. 지금의 정부의 대책이 단기간에 너무 많은 규제를 한꺼번에 쏟아 내놓다보니 정부나 부처 스스로도 그 결과를 예단할 수 없을 수 있다는 통찰(insight)을 갖을 시간과 배려가 요구되는 대목이다.

정부는 스스로 이번 9.13 대책 마련의 필요성과 배경을 서울과 일부 수도권 중심의 단기적 시장 과열과 매물부족 상황에서 투기수요 등의 가세에 따른 시장 불안 가중이라고 보고 있다. 상황이 이렇지 않은 지역 부동산 시장은 지역에 맞는 잣대로 시장이 연착륙할 수 있도록 돕는 것이 지역 맞춤형 부동산 정책의 시작임을 인지하여야 한다. 그것이 바로 문재인 정부가 가고자 하는 지방분권의 방향과도 일치한다.

주택정책에 '지방'이 없다

시기적으로도 다소 생뚱맞다. 정부는 한 해의 주택정책 방향이라고 할 수 있는 주택종합계획을 매년 2사분기가 시작될 때 쯤 발표한다. 이보다 다소 앞선 국토부 업무보고에서 주택정책 전반의 방향성을 언급하고 있다는 점에서 발표 시점은 그리 중요하지 않을 수 있다. 그러나 국민들의 알권리와 주택정책과 관련된 한 해의 방향성을 제시한다는 점에서 발표 시점이 현재보다 상당기간 당겨졌으면 싶다.

아파트 사회학

내용은 어떨까? 이번에 발표된 「2014년도 주택종합계획」(2014.4)의 목차를 살펴보면 주택시장 동향 및 향후 정책 방향, 주택수요 전망 및 공급계획에 이어 주택시장 정상화 추진, 서민 주거복지 지원 강화, 주거환경 개선 및 유지관리 활성화 등 3개의 중점 추진과제로 구성되어 있다. 여기에 참고로 시도별 주택 사업승인 계획 및 공공주택 준공 계획과 2013년 주요 실적이 덧붙여 있다.

주택종합계획이 정부에서 수행할 주택정책의 기본목표와 기본 방향을 제시하는 것을 목적으로 한다는 점에서 위의 내용 자체가 크게 잘못된 것은 아닐 수 있다. 최근 주택시장의 동향을 통해 향후 정책 방향을 적절히 제시했다고 볼 수 있기 때문이다. 그러나 최근 우리나라의 주택시장이 초저출산 고령화, 1인가구의 증가 등의 인구구조학적인 변화 이외에 지역간 또는 지역 내 양극화, 탈동조화 (de-coupling) 등의 변화를 겪고 있는 것을 감안 하면 상위계획 차원에서라도 시장 전체로서의 총량적 주택공급이 아니라 서울 수도권 이외의 지역, 즉 지방에 대한 동향과 변화의 요소를 파악하고 디테일 하지는 않더라도 지역 특성을 감안한 정책 방향이 제시되었어야 한다. 뿐만 아니라 2012년 현재 우리나라 주택보급률이 102.7% 라는 점을 감안 할 때 여전히 주택공급의 필요성이 강조되어야 하지만 이제는 주택의 양적 문제보다는 주거의 질적 측면에서의 접근이 요구된다.

여기에 덧붙여 지자체 차원에서 나름의 주택정책 방향을 모색할 수 있도록 하는 주택 거버넌스(housing governance)로서의 모색과 고민이 함께 제시되어야 한다. 우리나라 주택시장이 하나의 큰 시장으로 움직이던 동조화 현상이 깨진지 오래 되었으며 이에 따라 지역 특성에 맞는 '지역 맞춤형 주택정책'의 모색이 요구되는 시점이기 때문이다. 지역 맞춤형 주택정책이 요구되는 이유는 첫째, 지방자치단체의 주택정책 역량 강화와 둘째, 중앙정부, 지방자치단체 간 기능 및 역할 분담 차원에서 요구된다. 주택시장의 변화에 따라 공급량을 조절하고 적절히 시장에 대응할 수 있는 지방의 역량과 역할이 요구되는 것은 어쩌면 지극히 정상적인 반영이라고 할 수 있다. 또한 주택정책과 관련해 어떠한 것이 지방 정부가 할 수 있는 지를 중앙정부나 지방정부가 알아가는 것은 현재와 같은 시장의 변화를 감안하면 이미 이전부터 고민하고 모색했어야 할 아젠다(agenda)라고 할 수 있다. 지금부터라도 바꿔야 한다. 대신 제대로 시작해야 한다. 그래야 중앙과 지방 정부의 역할이 생기고 그 역할을 통해 지역에 맞는 정책적 모색이 가능해진다. 현재 정부의 주택종합계획에 '지방'은 없다. 지방을 위한 주택정책이 없다는 뜻이기도 하다.

민선 7기 출범과 부산 부동산 시장의 과제

6.13 지방 선거를 통해 민선 7기 부산 시장에 오거돈후보가 당선됐다. 오거돈 시장 시대를 맞는 부산 부동산 시장 상황은 이전에 비해 녹록지 않다. 물때로 따지면 '썰물'이다. 청약경쟁률 전국 최고를 기록했던 분양시장도 이제는 지난 일처럼 아득하다. 분양시장의 호조에 힘입었던 기존 주택시장의 거래건수도 우스갯소리로 8·2대책 이후 파리만 날리고 있다. 예로 2016년 10월 6338건, 2017년 4월 3256건의 거래건수가 2018년 4월 현재 531건으로 줄었다, 이를 반영하듯 국토교통부에서 발표한 자료에 따르면 2018년 5월 전국 주택매매거래량은 6.8만 건으로 전년동월 대비 20.3% 감소한 것으로 나타났다.

기저효과 때문인지 작금의 시장이 나빠도 너무 나쁘게 보이는 이유다.

이상과 같은 이유로 부동산 업계와 관련 종사자들은 민선 7기 부산 시장에 당선된 오거돈 시장에게 거는 기대가 남다를 수밖에 없다. 서울처럼 투기과열지구까지는 아니어도 서울 강남과 뜨는 지방시장 잡겠다고 중앙정부가 쳐놓은 분양조정구역 등의 그물망은 시장 분위기가 가라앉은 지금도 해제되지 않고 있기 때문이다. 더불어 한참 시장 좋을 때 밀어내기식으로 분양됐던 아파트들이 프리미엄은 고사하고 이제는 입주 폭탄으로 되돌아오고 있다. 2019년과 2020년 부산지역 입주 예정물량은 48755세대 수준이고 올 해 남은 입주예정물량까지 합치면 6만 세대가 넘는다.

오거돈 시장이 후보 때 제시했던 공약은 이제 민선 7기를 맞는 부산시의 부동산 정책관련 시정 방향이 됐다. 지역맞춤형 주택정책 및 부동산 시장 안정화 방안 추진, 정책이주지 주거환경 개선 및 낙후지역 주거복지 실현, 부동산시장 변화 감지 조기경보시스템(EWS) 도입, 부동산·주택 민원 상담소 운영을 통한 창업지원, 지역분권형 '주택 거버넌스(Housing Governance)' 기반 마련 등을 통해 서민들에게는 내 집 마련의 꿈을 저소득층에게는 주거복지 혜택을 약속했다.

선거 때 제시했던 공약의 달성 여부는 이제 오롯이 오거돈 시장의 몫으로 남았다. 오거돈 후보를 찍었던 부산시 유권자들은 기대할 것이다. 부산 부동산 시장에 대한 이해와 안목이 녹아든 공약을 보고 당신을 찍었으니 지금의 시장 상황에서 벗어날 수 있는 혜안을 보여주시라. 최근 보유세 인상에 대한 로드맵이 정부차원에서 만들어 진 듯하다. 구체적인 내용과 상관없이 보유세 인상 카드는 부동산 시장을 더욱 냉각시킬 것이고 부산 시장은 엎친데 덮친 격으로 유래 없는 불황이 예상된다. 유권자였던 시민들이 오시장의 부동산관련 공약을 다시금 짚어보는 이유다.

'주택 거버넌스', 오거돈 부동산 정책 시정 목표로 삼아야

오거돈 시장 당선자의 부동산 정책 공약 가운데 주택 거버넌스 (Housing Governance)가 있다. 이 공약 자체가 시장 당선에 얼마나 영향을 미쳤는지 확인할 방법은 없다. 그렇지만 부동산 전문가라면 그리고 서울 중심의 메이저 시장과 부산시장은 다르다는 것을 인식한 부산 시민들이라면 '거래 절벽'인 작금의 부산 부동산 시장 상황이 어떠한지 대강은 안다. 주택 거버넌스는 '국가(중앙정부와 지방정부 포함) 단위의 주택문제를 해결하기 위한 사회적 조정장치'로 이해할 수 있다.

주택 거버넌스 체계를 구축하기 위해서는 중앙정부의 기능과 역할이 축소되는 반면, 민간부문, 지방정부, 비정부조직인 NGO의 역할과 기능이 강화되어야 한다. 바꿔 말하면 중앙정부의 입김으로부터 벗어나 지역 시민들의 의사가 반영된, 지역 시민들을 위한 지방 정부의 역할이 강화되는 것을 의미한다. 따라서 진정한 주택 거버넌스를 위해서는 시민들의 자발적 참여로서의 협력 관계에 기반한 성숙한 시민의식이 선행되어야 한다. 이를 기초로 지역의 내발적 주택문제 해결방식과 의지가 지역 부동산 및 주택정책 형성과 집행에 반영되어야 한다.

선진 외국의 경우 '정부(Government)'에서 '거버넌스(Governance)'
로 이행 된지 오래다. 국가차원에서 결정되던 중앙정부 일변도의 주
택정책, 주택관리, 주거환경개선 등에 있어 주택 거버넌스가 다양한
형태로 추진되고 있다. 영국만 하더라도 1990년대 이후 광역정부 주
도하에 주택 거버넌스를 통해 민과 관의 협력과 지방정부의 역할을
강화하고 있다. 국가 주도의 도시개발 또는 주택공급이 아니라 지역
이해관계자나 실수요자들의 목소리를 청취하고자 하는 노력을 지속
하고 있다. 갈등을 최소화하고 이해관계자들의 협력을 통해 효율적
인 주택정책이 마련될 수 있도록 노력하고 있다. 미국의 경우에도 지
역 주민들의 동의와 지지를 기반으로 지방정부가 조정자 역할을 충
실히 수행한다.

주택 거버넌스를 위해 중앙정부의 권한 위임과 민간 참여가 필요
하다. 그러기 위해서는 중앙정부의 기획과 집행업무가 일정부분 지
방정부로 이양될 필요가 있다. 지방정부 스스로 집행의 책임성을 갖
도록 해야 한다. 이를 위해서는 지역별로 차등화된 목표를 설정하고
지역이 스스로의 목표를 달성할 수 있도록 인센티브 등의 제공을 통
해 지방 분권화를 독려할 필요가 있다. 바야흐로 지역이 중심이 되는
지방시대다. 지역이 살아야 나라가 산다. 오거돈 부동산정책 시정 방
향이다.

대선 후보들의 주택 및 부동산관련 공약과 전망

바야흐로 시간은 장미대선을 향하고 있다. 당연히 많은 국민들이
눈과 귀는 대선후보들의 정치적 처신과 발표되는 공약 내용에 쏠린

다. 발표되는 후보들의 공약 내용은 5월 9일 당선되는 당선자의 정책 방향이라는 점에서 여러모로 관전 포인트다. 이미 유력 대선 후보들은 주택 및 부동산관련 공약을 발표한 바 있다. 앞서 발표했다가 발표 했던 공약을 번복하는 경우도 있다. 표를 의식 한 것이고 공약 자체가 표와 직결되기 때문이다. 후보들의 주택 및 부동산관련 공약은 무엇이고 그러한 공약 내용을 통해 앞으로의 주택시장은 어떻게 전개될 것인지 전망해 본다.

대부분의 후보들이 예외 없이 부동산 보유세 인상과 전·월세 상한제, 계약갱신청구권 도입 등을 공약에 포함시켜 발표했다. 여기에 세종시 행정수도 이전도 포함된다. 이외의 공약이 후보별 차별화인 셈이다. 문재인 후보는 도시재생 뉴딜사업과 며칠 전 공적 임대주택 17만 호 공약을 추가했다. 중요한 것은 보유세 인상을 당초에는 공약으로 발표했다가 최근 보류했다. 안철수 후보는 앞서 언급한 공통 공약 이외에 청년주택공급 방안 공약이 눈에 띈다. 홍준표 후보는 보유세 인상을 유일하게 공약으로 언급하지 않은 반면 재건축 층수 완화를 공약에 넣었다. 유승민 후보는 소득세와 재산세 인상을 검토한다고 밝혔다. 내용적으로 보유세 인상으로 봐도 무방할 듯하다. 심상정 후보는 유일하게 보유세 실효세율 2배 인상을 공약으로 밝혔고 마을 공동체주택 보급 등이 다른 후보들과 차별화 되는 부분이다.

앞선 정부의 소위 '빚내서 집사라'는 권유 때문에 1,300조의 가계부채가 생겼고 이 뇌관이 우리나라 경제를 위협할 수 있다는 공감대와 후보 자신들이 발표한 여타 복지 공약을 수행하기 위한 재원 마련을 위해서라도 보유세 인상 등은 불가피한 측면이 있는 듯 하다. 따라서 향후 정부의 주택 및 부동산 정책의 방향은 시장 안정 쪽에 무게중심이 쏠릴 것이고, 공공임대주택 등 주거복지 차원의 저렴주택 공급이 보다 활성화 될 것을 보인다. 인상율이 문제겠지만 보유세 인상분은 전·월세가격에 전가될 가능성이 높다. 전월세상한제와 계약갱신청구권의 도입 가능성도 전·월세가격을 높이기에 충분한 배경이 될 것으로 보인다. 이런 가운데 시장은 대선 이후의 반등 시점을 주시할 것으로 보인다. 시장 활성화보다는 규제 강도가 상존할 수 있는 향후 시장 상황이 보다 강한 반등의 모멘텀을 잉태할 가능성이 크다. 정권보다 부동산시장은 힘이 세다.

자치단체장 선거와 부동산 정책 방향

6월 13일 실시될 지방자치단체장 선거는 부동산시장에 새로운 모멘텀을 만들 수 있을까? 부동산시장과 관련된 많은 시장 참여자(market player)들이 관심을 갖고 선거를 기다리고 있다. 시장 참여자들이란 개발 사업을 통해 주택을 공급하는 건설업체와 디벨로퍼 회사들 그리고 시공업체와 중개업을 영위하는 자영업자들과 주택이 공급됨에 따른 후방관련 업체 즉 리모델링, 이사업체 등의 관련 종사자들이다.

이번 자치단체장 선거만큼 부동산관련 시장 참여자들이 관심을 갖는 경우도 드물 것으로 판단된다. 왜냐하면 정부는 토지공개념을 개헌안에 명시화하는 등 부동산 전반을 정치적 쟁점으로 부각시켜 놓았기 때문이다. 거기에 지역 부동산 시장은 조정국면이다. 아니 정확히는 하락 국면이다. 그런 이유로 관련 시장 참여자들 또한 유권자 입장에서 이번 선거에 따라 시장이 어떻게 변화될지에 대해 관심이 큰 것은 자명한 일이다.

자치단체장 선거의 관전 포인트는 이렇다. 첫째, 자치단체장 선거 결과가 시장의 분위기를 바꿀 수 있을 것인가? 하는 것이다. 다시 말해서 시장의 침체를 반등 또는 안정화 시킬 수 있는 사람이 누구인가? 하는 것에 대한 궁금증이다. 둘째, 다주택자와 무주택자를 위한 균형적인 정책 대안이 어떻게 제시될 것인가? 하는 점이다. 다주택자들은 돈 많은 사람들이고 따라서 우파일 가능성이 높다고 전제하면 그렇지 못한 사람들은 다분히 좌파적 시각을 갖고 있다고 믿는 일부의 선입견을 어느 쪽이 진영 논리로 활용할 것인가 역시 유권자 입장에서는 궁금한 접점이 될 것으로 보인다. 셋째, 부산 자체의 부동산 정책관련 아젠다(agenda)를 누가, 무엇을, 어떻게 제시할 것인가? 에 대한 궁금증이다. 최근 주택 및 부동산시장은 지역별로 양극화, 차별화가 심화되고 있다. 지방 자치단체의 역할이 강조되고 있고 그러한 기대감을 정부가 이미 키워 놓았다. 문재인 대통령이 이미 지방분권화를 위한 개헌안을 발의했기 때문이다.

부산 부동산 시장은 현재 기로에 서있다. 기로에 선 시장(market) 분위기가 자치단체장 선거 결과로 바뀔지는 그 누구도 단언할 수 없다. 그러나 투표가 유권자들의 의사를 가장 적극적 표시 할 수 있는 수단이라는 점에서 표심이 작용할 것은 자명 하다. 그것을 판단할 수 있는 근거가 부동산 정책 관련 공약일 수 있다는 점에서 유권자들은 출마자들의 얼굴이 아니라 공약을 기다린다고 봐도 과언이 아닐 듯싶다.

아파트 사회학

11.3 부동산 대책의 지역적 의미와 한계

8.25 가계대책 발표 두 달여 만에 다시 11.3 대책이 발표 됐다. 8.25 대책이 현재의 시장 분위기를 누그러트리지 못했기 때문이다. 지난 대책 발표 이후 주택시장은 정부의 의도와는 달리 진정되지 않고 오히려 일부 분양시장을 중심으로 과열 양상을 빚었다. 그런 때문인지 선별적 · 단계적 대책으로서 실수요자 중심의 대책임을 정부도 천명했고 그러한 목적에 어느 정도 부합하는 내용을 대책으로 담고 있다. 오히려 8.25대책 시점에 이러한 대책 내용이 미리 반영되었으면 하는 아쉬움이 있을 정도다.

이번 11.3 부동산 대책은 서울 강남 4구를 비롯해 경기도 과천 등 투기 과열지역에 대한 전매금지가 주요 골자다. 여기에 부산의 해운대 · 연제 · 동래 · 남 · 수영구 등 5개구에 대해서는 전매제한기간 강화, 1순위 제한, 재당첨 제한 등의 맞춤형 청약제도가 시행된다. 문제지역이 언급되었고 거기에 맞는 처방이 적시됐다. 8.25 대책 발표 이후에도 대책을 무력화시키듯 가격 상승을 주도했던 서울 강남일대에 대한 규제 디테일은 돋보인다. 투기적 세력이 작업하기 힘든 구조로 판을 짰다. 그럼에도 전체 시장 분위기는 해치지 않는 범위로 규제의 강도를 조정했다. 지진 피해를 최소화하기 위해 활성단층 주변 건축물의 내진설계를 충실히 보강했다.

그럼에도 불구하고 지역 입장에서는 아쉬움도 있다. 첫째, 부산지역은 분양권 전매의 메카다. 분양권 전매가 불법은 아니니 정확히는 불법 분양권 전매의 각축장이다. 그래서 부산지역 가운데에서도 문제가 되는 지역들을 솎아 냈다. 방향은 맞다. 그러나 투기적 수요로서의 분양권 전매라는 것이 '분양권에 붙은 프리미엄의 시세 차익을 얻고자 하는 것'이라는 점에서 지역에 국한되지 않고 청약 기준에 맞으면 무조건 넣고 본다. 당첨되면 수 천 만원의 프리미엄이 생기고 그것을 다운계약서 작성을 통해 불로소득으로 취하는 구조다보니 이번에 지정한 다른 지역으로의 풍선효과가 불가피하다. 둘째, 합법적인 분양권 전매보다 '판'을 키우기 위해 개입하는 작전 세력에 대한 색출이 필요하다. 이런 이유로 이번 대책은 큰 틀에서의 방향은 옳으나 디테일에서는 다소 문제점을 갖고 있다. 이런 이유로 정부는 이번 대책의 실효성 여부에 따라 투기과열지구지정과 같은 보다 강력한 규제책을 준비하고 있는지 모른다. 시장이 멈춰서는 안 된다. 그럼에도 너무도 쉽게 얻을 수 있는 불로소득과 같은 분양권 전매 투기는 잡아야한다. 이번 대책의 발표로 실수요자 중심의 내수 진작을 위한 정부와 역외자본 및 떴다방 등 작전세력 간 분양권전매시장에서의 수 싸움은 이미 시작된 셈이다.

총선 58% 투표율의 주택정책적 함의

20대 국회의원 선거가 여소야대로 끝났다. 58%의 투표율을 보였다. 지난 19대의 54.2%보다 3.8%p 높은 수치다. 지역적으로 투표율이 평균 이하 인 곳도 있었지만 전국적으로는 그만큼 높은 관심 속에 이번 국회의원 선거가 치러졌다.

투표는 피선거권자인 투표권자가 출마자 개인 또는 정당에 갖는 개인적인 의사 표시의 행위이다. 그래서 중요하다. 이번 선거가 대선이 아니라서 정부 또는 특정 개인의 주택정책에 대한 호불호 여부를 즉각 투표에 반영할 수는 없는 구조이지만, 현재의 주택시장 분위기에 대한 나름의 평가와 지역구를 갖고 있는 국회의원 후보자와 그 후보자의 소속 정당의 주택정책 등에 대한 포괄적인 선택일 수 있다.

따라서 이번 총선의 결과는 현재의 주택시장과 정부의 주택정책에 대한 평가이기도 하다. 결과적으로 현 정부 또는 지역적으로 지역구를 갖고 있는 국회의원들의 지역적인 주택시장 특성과 정부의 주택정책과 관련해 몇 가지 중요한 시사점을 얻을 수 있다. 총론적으로 주택시장을 통한 현 정부의 주택정책은 의도하든 의도하지 않았든 국민들 입장에서는 바람직하지 않다는 의사 표시인 셈이다. 첫째, 전세값 폭등이다. 전세값이 너무 올랐고 이에 대한 정부의 역할이 부재했다는 것이다. 둘째, 주택거래 활성화를 통한 경제 살리기에 대한 반감이다. 셋째, 지역적으로 각기 다른 주택시장에 대한 정부의 대처 능력과 이에 대한 정부의 솔류션(solution) 부재이다.

전세난은 매년 있었고 따라서 정부의 역할에 한계가 있다는 것도 국민들은 안다. 그게 정권에 따라 쉽게 해결될 것도 아니라는 것을 알기 때문이다. 그런데 최근의 전세값 상승은 세계경제의 불확실성 확대와 저금리 기조가 판을 키웠고 정부의 주택거래 활성화를 통한 경제 살리기가 전세난을 부추였다는 것을 중앙(정부)에서는 간과했다는 점이다. 주거문제는 국민들에게는 기본권이나 다름없다. 여기에 분양시장의 호조에 따른 분양권 전매 등 실수요가 아닌 투기적 수요가 시장에 가세하면서 시장은 이상한 방향으로 흘렀다. '시장은 좋은데 시장이 문제다'라는 앞뒤 안 맞는 평가가 내려진 배경이기도 하다.

이번 총선 결과에 대한 정부의 고민이 깊을 수밖에 없다. 안정적 주거를 위한 국민을 위하는 정부의 역할이 보여야 한다. 정부는 소수가 아닌 다수의 국민을 위해 존재하기 때문이다. 그것이 정치다. 이번 20대 총선은 그러한 국민의 선택을 보여준 한 예이다.

인공지능 알파고와 주택정책

인공지능 알파고가 연일 화제다. 인공지능(AI)이 인간지능의 이세돌 9단을 4대 1로 이겼기 때문이다. 이세돌이 우세할 것이라는 경기 전 예상이 빗나간 것 또한 인공지능 알파고에 대한 관심을 증대시켰다. 이 정도로 대단할 줄을 몰랐던 것이다. 계산으로서의 연산이야 당연히 사람보다 빠르겠지만 추론하고 직관하는 인간을 어떻게 뛰어넘을 수 있겠냐는 조롱을 두려움으로 바꿔 놓기 충분한 사건이었다.

이런 실력이라면 1,200조에 달하는 주택담보대출의 위험과 분양권 시장에서의 투기적 수요를 억제할 목적으로 강화된 집단대출 심사에 대한 업체의 집단 반발 등. 골치 아프고 대책 세우기 쉽지 않은 주택 문제나 정책 또한 알파고와 같은 인공지능의 도움을 통해 효과적인 솔루션(solution)을 마련할 수 있지 않을까? 결론부터 얘기하자면, 아무리 인간을 이긴 인공지능이라 하더라도 현재의 주택문제를 해결할 수 없다.

인공지능 등 컴퓨터 공학 지식에 밝은 전문가에 따르면 바둑에서 이기는 문제는 바둑판 안의 다양한 '경우의 수'에 있다고 한다. 따라서 바둑판 안에서 이길 수 있는 가장 높은 확률을 결정하는 정도의 인공지능 개발은 가능하다는 얘기다. 이번 알파고의 압승이 이를 증

아파트 사회학

명한다. 물론 이세돌의 '신의 한수'에 패한 4국처럼 예상하지 않은 경우의 수에 대한 대응이 늦거나 해서 제대로 된 솔루션을 제시 못할 수도 있다. 물론 단순한 수요와 공급의 문제에 따른 수급시기와 지역의 결정 등은 정책 당국보다 합리적인 해결방안을 제시할 수 있다. 그러나 인공지능이 작금의 주택문제나 주택정책을 해결하지 못하는 것은 현재의 주택문제가 주택시장에만 존재하는 것이 아니기 때문이다. '시장 밖'에 존재하는 다양한 문제들이 복합적으로 주택문제를 만들기 때문이다. 세계 경제의 불확실성이 그렇고 주택정책을 결정하는 정권에 따라서도 해결방안이 다를 수 있다. 가장 큰 것이 정책변수이다. 정부의 개입은 시장이 나쁠 때 많지만 지나치게 과열되었을 때도 개입이 불가피한 측면이 있다.

인공지능은 이길 수 있는 확률을 만드는 학습은 현재의 기술로도 가능하지만, 문제를 판단해서 스스로 학습하고 학습한 내용을 자기 의지로 결정하는 것은 아직 못한다. 알파고는 다만, 잘 만들어진 소프트웨어일 뿐이다. 주거에 대한 '가치'의 문제는 정부가 살펴야 하는 국민의 감정이다. 인공지능은 못하는 국민감정을 어루만지는 정부의 따뜻한 주택정책을 기대한다.

9.2 부동산대책, '시장'을 비켜간 이유

올 해 들어 두 번째, 박근혜 정부 들어서 크고 작은 10번 이상의 부동산 대책이 발표 된 가운데 또 부동산 대책이 발표 됐다. 그러나 이번 대책에 대한 시장의 반응은 현재 시장에서 나타나고 있는 문제에 대한 '답'을 제대로 제시하고 있지는 못하는 평가가 대부분이다. 문제 해결보다는 주거시장 활성화에만 초점을 맞추고 있지 않느냐는 의견이 지배적이다. 이번 대책이 어떤 내용을 담고 있기에, 어떤 부분이 '실효성' 측면에서 문제 제기되는 되는 것일까?

이번 대책은 '서민주거안정 강화 방안'이라는 타이들로 지난 9월 2일 전격 발표됐다. 주요 내용은 '주거취약계층 지원 강화'와 '뉴스테이(기업형 임대주택)활성화' 그리고 '원스톱 주거지원 안내시스템 구축'의 3가지이다. 그런데 이번 대책이 현재 시장이 갖고 있는 문제에 대한 '해법'을 제시한다는 측면이었다면, 6년 6개월째 전세금이 지속 상승하고 월세가격 또한 급등하는 문제에 대한 '답'이 제시되면 된다. 그런데 이번 대책의 내용은 현재 시장이 갖고 있는 문제에 대한 직접적인 해결이라기보다는 문제를 조금 완화하는 수준의 발표라는 점에서 대책의 실효성에 의문이 제기된다.

그렇다고 이번 대책이 현재 시장이 갖고 있는 풀어야할 문제에 대한 '답'을 전혀 담아내고 있지 않냐하면 그렇지도 않다. 오히려 5포(인간관계와 집을 포기), 7포 세대(꿈과 희망까지 포기)라는 젊은 대학생들의 주거불안에 대해 나름 대처하고 있다. 대학생 전세임대 주택을 내년부터 5천 가구로 확대하고, 2017년까지 행복주택 3만 가구 중 대학생에 게 5천 가구를 우선 배정하는 등, 젊은 청년세대의 주거불안을 조금이나마 정책적으로 배려했다는 점은 나름 의미가 있다. 그리고 꾸준히 공공임대주택을 공급해서 누적 물량을 지속적으로 늘려가고 있는 점 또한, 공급량이 수요를 충분히 충족시키지는 못하지만 정부도 노력 중이라는 긍정적인 신호를 준다는 긍정적인 평가는 가능한 측면도 있다.

그러나 이번 대책이 '시장(market)'을 비켜간 이유는 정작 다른데 있다. 서울·수도권 이외 지역에 대한 문제를 전혀 반영하고 있지 않다는 것이다. 부산지역만 하더라도 전·월세 문제보다는 투기적 수요로서의 분양권 전매 시장이 문제인데, 이에 대한 청약관련 '주택 거버넌스' 측면의 지방정부로의 권한 이행이나, 청약 비리에 대한 해결 방안 등 하위시장(sub-market)에 대한 정책적 고려는 아예 없다. 지역 시장에 맞는 '로드 맵'이 제시되지 않았다는 것이 더 큰 문제다.

부동산정책 로드맵 제시 필요

매매가격이 떨어지는데 누군들 집을 사겠다고 나설 수 있을까? 매매가격이 더 떨어질 것을 기대해서가 아니다. 현장에서는 경제 전반의 불확실성이 높아지면서 더 어려워지는 것 아니냐는 일종의 공포감마저 있다. 이런 때문일까? 모 경제신문에서 '한국 경제의 일본식 장기 불황 가능성'을 물을 결과 전문가의 63.3%는 '높다', 6.7%는 '매우 높다'고 응답했다. 전문가 10명 중 7명은 우리 경제의 일본식 장기 불황 진입 가능성을 높게 본 것이다. 불황 가능성의 진위여부와는 상관없이 현재의 위기감이 반영된 결과라고 볼 수 있다.

월급만 빼고 다 오른다. 해가 바뀌자 연이어 물가가 오르고 있다. 나빠질 것은 주머니 경제다. 이뿐 아니다. 올 한 해 우리나라의 경제 성장률도 당초보다 낮은 3%대로 낮춰 잡았다. 세계 경제의 불확실성이 높은 상황에서 어느 것도 예외일 수는 없을 듯 하다. 사정이 이렇다 보니 내수여건 등 시장상황이 나쁜 것이 비단 부동산 시장만의 문제가 아니다. 이런 이유로 부동산시장을 살리자고 말하는게 어렵다.

집 하나가 거래되면 중개업소, 이사업체, 도배 등 인테리어업체, 하물며 가전업체 등 수십 개 업체, 수백, 수천 명의 월급이, 일자리가 확보되는 산업연관효과가 뛰어나다고 말하는 것 자체가 오히려 거부감을 불러일으킬 수 있다. 다 어려운데 부동산 시장만 살리자고 힘주어 말하는 듯 비쳐질 수 있기 때문이다. 또 부동산시장 살린다면서 집 값 올렸다는 비난을 피하고 싶은 정치인들의 고려 또한 국면 전환을 위한 선택과 결정의 어려움으로 작용하고 있다.

신년 들어 취득세감면 혜택이 없어지자 거래는 정지됐다. 그야말로 미국의 '재정절벽(fiscal cliff)'에 빗 댄 '거래절벽' 그 차체다. 거래 자체가 없다. 여기에 매매가격은 떨어지는데 전세가격은 오른다. 특정 지역은 매매가격보다 전세가격이 높아지는 역전 현상이 나타날 것이란 예상이 설득력을 얻고 있다. 매매수요가 급감하는 만큼 전세수요는 늘고 있기 때문이다. 이러한 배경에는 매매가격의 추가적인 하락 가능성, 가계수입 감소에 따른 구매력 감소 등 부정적 요인이 작용한 탓이 크다. 거기에 거래세라고 할 수 있는 취득세 감면 혜택 종료는 거래실종이라는 결과로 시장에 바로 나타나고 있는 것이다. 그런 때문인지 올 해 1월1일부터 소급적용할 수 있도록 하는 취득세 감면 연장에 대한 지방세특례제한법 개정안이 대표 발의된 상태다. 거래는 살려보겠다는 의지다. 2012년 연말이전에 결정했어야 했지만 그나마 다행이다. 거래활성화라는 측면에서 바람직하다. 오히려 정부 출범이전이면서, 계절적 비수기가 겹친 이 시기에 정부의 부동산 거래 활성화를 포함한 부동산 정책 전반의 로드맵이 '분명한 의지의 표명'이라는 명분으로라도 빨리 제시될 필요가 있다.

'한국이 장기 불황에 빠진다면 가장 큰 이유는 무엇인가'라는 앞선 전문가 대상 설문에서 '잠재성장률 하락'이라는 응답이 전체의 30.9%로 가장 많았다. 결국 장기 불황을 피하기 위해서라도 잠재성장률 회복이 관건인 셈이다. 잠재성장률 제고를 위해서도 늘고 있다는 커피집 보다 줄어드는 중개업소를 늘리는 편이 나을 듯 싶다. 지금 부동산 시장은 '푸어'를 넘어 '깡통'을 지나고 있다. 다음에 또 뭐가 나올지 모른다. 그만큼 시장상황이 나빠지고 있고 어려움을 겪는 대상이 많아지고 있음을 의미한다. 날개가 없는 추락인 셈이다. 더 이상의 추락은 내수경기를 위해서도 안 된다.

주권(住權), 누구를 뽑을 것인가?

대선을 며칠 앞둔 현재 아파트 가격은 미미하지만 지속적으로 떨어지고 있다. 대선과 집값 간에 상관성이 없다는 것이 지금까지의 경험이다. 학술적으로도 상관관계 또는 전후관계가 없다는 것이 증명되었다. 따라서 대선을 앞두고 '집값'이 떨어진다는 것이 '문제'가 되지 않는다. 그럼에도 세계경제의 불확실성이 커지고 이로 인한 내수 부진 등의 영향으로 추가적인 집값 하락이 지속될 수 있겠다는 불안감이 자산의 약 80%를 부동산으로 갖고 있는 우리나라 보통 시민들에게 전혀 문제가 되지 않을 수는 없다. 물론 이 문제에 대해 그렇게 생각 하느냐고 설문조사한 결과가 아니니 뭐라 단언할 수는 없다.

주권(主權)은 국민·영토와 함께 국가를 구성하는 3요소의 하나로, 국가의사를 최종적으로 결정하는 최고성, 독립성, 절대의 권력을 가리킨다. 국민주권은 바람직한 국가의 정치 형태를 최종적으로 결정하는 권력이 국민에게 있다는 원리를 말한다. 이번 대선 역시 헌법에 부여된 투표권에 따라 국민들은 본인들의 주권으로서의 권리를 행사한다. 대선 주자들 가운데 누구를 뽑을 것인가는 결국 국민의 투표라는 주권의 행사로부터 비롯된다. 이번 대선에서 국민들은 '누구'를 대통령으로 뽑을까? 그것을 자산의 약 80%를 부동산으로 보유하고 있는 일반 국민들의 주(住)거를 위한 권(權)리, 부동산의 가치 하락을 지키려는 최소한의 방어권으로서의 '주권(住權)'으로 대체해 생각해 보면 다음과 같다.

투표는 자신이 정한 신념에 따라 하면 된다. 따라서 신념에 부합하는 대선 후보를 선정하고 그 후보에게 지지표를 주는 것으로 투표는 일단락 될 수 있다. 그렇다면 문제는 자신의 신념에 누가 부합하는가를 결정하면 된다. 신념에 부합하는지는 여러 가지 요인에 따라 영향을 받는다. 투표권자의 정치적 신념, 정치적 지향, 거기에 우리 사회의 뿌리 깊은 지연, 학연 등이 부가된다. 부가될 수 있는 또 하나의 조건이 바로 세계적인 불황, 저성장시대가 지속되는 가운데 보유 자산의 가치 상승은 고사하고 가격 하락을 최소화 시켜줄 수 있는 사람을 염두해 두자는 자기방어기제의 발동이다. 그런 시각으로 본다면 누구를 뽑을 수 있을까?

결론부터 얘기하자면, '없다' 이번 대선 후보들 모두 주거복지를 대선 공약으로 내세우며 이미 부동산 띄우기를 포기했기 때문이다. 부동산 띄우기를 해봐야 결과적으로 손해일 수 있다는 판단이 섰기 때문인지 섣불리 부동산을 통한 애드벌룬 공약을 발표하고 있지 않다. 대선 후보들이 잇따라 부동산 규제정책을 공약으로 내놓은 것부터 그렇다. 이번 18대 대선 후보자들의 부동산 정책 방향은 공급확대, 개발보다는 부분적인 거래 확대와 주거복지 부분에 방점을 두고 있다.

박근혜 후보의 부동산 공약은 주택연금 사전 가입제도, 소유 주택 지분 매각제도, 목돈 안 드는 전세제도로 요약된다. 문재인 후보는 전월세 상한선 도입과 임의 경매 금지 조치, 임대등록제와 계약갱신청구권 등이다. 정책의 실효성 측면은 차치하고서라도 일방적인 부동산 띄우기는 없다. 결국 자신의 정치적 신념에 따라 투표하는 것, 그것이 이번 주권(住權)인 셈이다.

Chapter 05

아파트와 4차 산업혁명, 도시재생

4차 산업혁명은 단순한 기술의 진보를 넘어선다. 편리한 것을 넘어 부동산 투자를 위한 의사 결정을 돕는다. 부동산 자산을 뜻하는 '프로퍼티(property)'와 기술로서의 '테크놀로지(technology)'의 합성어인 '프롭테크(Proptech)'가 그것이다. 이러한 프롭테크가 노후화된 도심의 주거지를 경제적 · 사회적 · 문화적으로 활성화시키고자하는 도시재생과 만나면 도시 공간에 어떤 변화가 생기고, 도시 공간은 어떻게 변화될까? 아무도 예상하지 못했던 그러나 그 누구도 부정할 수 없는 새로운 변화가 시작된다.

아파트와 프롭테크(Proptech)

아파트에 대한 정보는 다른 주택유형에 비해 표준화된 탓에 다양하게 존재한다. 아파트 시세에서 부터 거래 건수, 단지의 특성(단지 위치, 규모, 층, 세대수 등), 단지 내 개별 동의 위치와 세대별 향까지 파악할 수 있다.

이런 이유로 아파트 정보를 비즈니스 대상으로 삼는 다양한 서비스가 존재한다. 아파트 관련 정보를 관련 업계에서 컴퓨터 온라인 형태의 비즈니스로 공급한 최초의 회사 가운데 대표적인 회사로 부동산114[33]를 들 수 있다. 부동산114의 비즈니스 모델이 초기 버전이었다면 최근의 비즈니스 모델은 그야말로 춘추전국시대 수준이다. 단순한 정보의 제공을 넘어 부동산 거래를 위한 플랫폼(platform)[34]으로까지 확장되었다. 최근에는 VR(가상현실, Virtual Reality), AI(인공지능, Artificial Intelligence) 수준의 융합이 이루어지고 있다.

초기의 아파트 관련 정보 서비스업이 거래되는 시세나 가격 변동 추이에 대한 데이터를 제공하는 것이 주목적이었다면 지금은 그러한 정보뿐 아니라 거래하고자 하는 부동산 대상 물건의 현재 상태를 3D 형태의 사진으로 실내 곳곳을 확인할 수 있다. 또한, 대상지 주변 다른 물건들의 토지, 상업업무, 상가 등의 가격이나 최근 거래된 경매 물건까지 확인 가능한 서비스를 제공하는 업체도 있다.

부동산 정보업체인 밸류맵[35]의 부산시 해운대구 좌동 단독주택 관련 물건 위치와 시세 캡쳐 화면

33) https://www.r114.com/
34) 플랫폼(Platform)이란 본래 기차 정거장을 의미하는 용어로 현재는 많은 이용자가 이용하는 컴퓨터 프로그램이나 모바일 앱, 웹사이트 등을 통칭하는 의미로 사용된다. 구글, 애플, 페이스북, 아마존 등이 대표적인 플랫폼 기업으로 분류된다.[네이버 지식백과] 플랫폼 [platform] (산업안전대사전, 2004. 5. 10., 최상복) https://terms.naver.com/entry.nhn?docId=17661&cid=43659&categoryId=43659
35) https://www.valueupmap.com/#

아파트 사회학

프롭테크(PropTech)는 4차 산업의 혁명적 기술의 융합의 결과다. 부동산(Property)과 기술(Technology)의 융합적 결합을 말한다. 말 그대로 부동산 관련 분야와 기술적 진보인 4차 산업혁명으로서의 ICT(Information and Communications Technologies)관련 기술의 결합을 통해 부동산 거래와 관리, 부동산개발, 건설 등과 관련된 새로운 생태계의 출현으로 보면 맞다(서정렬, 2019).

부동산 정보업체인 밸류맵5의 부산시 해운대구 좌동 단독주택 관련 물건 위치와 시세 캡쳐 화면

현재 프롭테크 관련 스타트업 사례를 통해 비즈니스 영역을 살펴보면 사업 범주가 부동산 중개 및 개발 관련해서 상당히 다양하게 업역이 넓혀지고 있음을 확인할 수 있다. 첫 번째, 부동산 임대 플랫폼이다. 빅테이터를 통해 세입자와 임대자 간의 매칭을 쉽고 빠르게 진행한다. 두 번째, 부동산 매매에 가상화폐 기반 기술인 블록체인을 접목시킬 수 있다. 가격이 큰 부동산을 가상화폐를 통해 현재 부동산 간접 투자 상품인 리츠(REITs, Real Estate Investment Trusts)처럼 개인 소규모 지분 투자 형태로 매매하거나 투자할 수 있다. 세 번째, 부동산 관리 시스템의 디지털화이다. 부동산 임대와 매매 등에 필요한 행정 절차 등을 디지털화된 문서 등을 활용해 시간과 비용을 절약해 준다. 네 번째는 스마트 빌딩이다. 빅데이터와 ICT, 사물인터넷(IoT)으로 설계한 스마트빌딩은 주거에 필요한 서비스들을 편리하게 이용할 수 있게 한다. 효율적인 공간 활용, 에너지 절감, 건강한 실내 환경 조성 등 디지털 기술이 주거 공간을 바꾼다(이투데이, 2018의 내용을 재정리).

민간기업의 기술적 진보를 따라가기에는 아직 부족하지만 한국감정원은 공기업이 갖고 있는 부동산 관련 정부 데이터를 기반으로 프롭테크 기능을 탑재한 '지도로 한 번에 다 보기'서비스를 부동산 정보 앱 사용자 맞춤형으로 기능을 개편 출시했다(머니S, 2018내용을 재정리).

바야흐로 공간에 존재하는 다양한 데이터가 민간·공공 구분 없이 소비자 편의적인 솔루션을 통해 제공되고 있다.

아파트와 도시재생사업

아파트와 최근 진행되고 있는 문재인 정부의 도시재생뉴딜사업 등은 아파트 개발 사업 등과는 대체로 무관하다. 왜냐하면 도시재생사업은 '고쳐서 다시 쓰는 것'을 전제로 한다는 점에서 신규 분양을 통해 개발 사업으로 공급되는 아파트 개발사업과는 연관성이 낮기 때문이다. 그러나 도시재생사업이 대부분 원도심의 기능 회복이나 노후 주거지의 갱신과 관련되어 있다는 점에서 이들 사업지의 배후 주거지 또는 인근 주거지로서의 아파트와 별개로 보는 것 자체가 어려운 일 일지도 모른다. 왜냐하면 사람들이 거주하는 주거지는 도심에도 있고 별도로 계획된 시가지에도 있고 다양하게 존재하기 마련이기 때문이다.

도심에서의 도시재생사업은 일반 아파트보다 주상복합 형태의 복합개발이 주종을 이룰 수 있다. 복합개발(MXD, Mixed Use Development) 형태로 추진될 가능성이 높다. 선진 사례로서 일본의 경험을 살펴보면 이와 관련된 일단의 경향성을 발견할 수 있다.

도시재생사업과 관련해서 일본 민간 디벨로퍼 업체들이 선택과 집중하고 있는 사업 아이템이 바로 복합(용도)개발(MXD, mixed use development)이다. 복합개발은 개발 상품이 하나의 용도에 국한되는 것이 아니라 최소 두 개, 또는 세 개 이상의 용도가 복합된 형태이다. 가장 손쉬운 사례가 주상복합건물이다. 주거와 상업 기능이 혼합된 형태다. 그러나 이것만이 아니다. 주거와 상업에 오피스와 리조트 형태의 서비스드 레지던스(serviced residence)가 혼합되기도 하고, 리조트 및 문화 시설과 연계되기도 한다. 상업시설도 단순한 리테일(retail)을 넘어 쇼핑 테마파크를 통한 쇼핑 몰(mall)을 통해 몰링(malling)이 가능한 대규모 복합 개발 형태가 추진되기도 한다(서정렬, 2019).

대부분의 대도시의 경우 공동화된 원도심 활력을 제고할 목적으로 도시재생사업이 추진될 때 일본의 도시재생특별구역이 지정된다면 당연히 주상복합형태의 복합 건물이 개발되는 것이 일반적이다. 하지만 특정 개발 사업이 가능한 구역 이외 지역의 경우 주상복합형태의 복합개발이 아니더라도 민간에 의해 주상복합개발 또는 연접 개발 형태의 아파트 개발 사업이 이루어질 수 있음을 배제할 수 없다는 점에서 관련 아파트 개발 및 기 아파트 관련 데이터는 프롭테크 관련 업체를 통해 실시간으로 일반 소비자는 물론 디벨로퍼들에게 제공될 수 있다. 결국 일반 소비자와 디벨로퍼는 제공되는 이러한 정보에 기초해 또 다른 상품의 개발에 관심을 갖을 수 있다는 점에서 원도심 도시재생사업은 주변 아파트 시세 및 향후 개발하고자 하는 아파트 등의 개발 사업에 긍정 혹은 부정의 영향을 미칠 수 있다. 프롭테크의 기술적 진보와 이를 통한 정보의 제공이 결국 부동산 시장의 완전 경쟁시장(perfect competitive market)을 유도하는데 기여할 것은 분명한 일이다.

참고문헌

머니S(2018.08.07). 한국감정원, 부동산정보 앱 사용자 맞춤형 기능 개편. http://moneys.mt.co.kr/news/mwView.php?no=2018080713398019931

서정렬(2017).『스마트 디클라인, 창조적 쇠퇴』. 커뮤니케이션북스.

서정렬(2019).『도시재생사업의 이해와 실무』. 문운당.

서정렬(2019).『부동산개발, 디벨로퍼』. 커뮤니케이션북스.

이투데이(2018.06.22). [테크 인사이트] '프롭테크' 첨단 IT 기술이 부동산 시장 판도 바꾼다. http://www.etoday.co.kr/news/section/newsview.php?idxno=1633997

밸류맵. https://www.valueupmap.com/

호갱노노. https://hogangnono.com/

도시재생뉴딜사업과 '손트리피케이션' 문제

도시재생사업은 쇠퇴하고 있는 우리나라 도시의 미래 경쟁력 확보 차원에서 매우 중차대한 문제다. 경제적·사회적·문화적 재생을 통해 당해 지역의 경제, 주택, 주거환경 및 인구 문제 등의 지표를 개선해 지속가능한 도시의 미래상을 확보해야 하기 때문이다. 이에 따라 도시재생사업은 이전부터 진행해 왔으며 문재인 정부 들어서는 '도시재생뉴딜사업'으로 추진되고 있다. 문재인 대통령도 공약으로 매년 100곳씩 10조, 임기 내 총 500곳 50조의 예산을 투입할 계획을 세운바 있다. 이에 따라 부산시 전역에도 도시재생관련 경제기반형사업에서부터 우리동네살리기사업 등 다양한 도시재생뉴딜사업이 지정·추진되고 있다.

도시재생뉴딜사업은 정부와 지자체에서 공모사업의 형태로 선정한다. 공모사업이란 지자체 등에서 사업 예산과 규모에 맞는 계획 내용(contents) 등을 제안하고 제안된 내용이 경쟁 사업들에 비해 상대적으로 나은 사업을 선정하는 식이다. 따라서 일부 내용의 변화는 있을 수 있지만, 당초 지역 활성화를 위한 공모 내용은 지역 특성 등을 감안해 공모 사업 전에 구체화되는 것이 일반적이다. 그래야만 재생사업을 통해 사업 대상지가 활성화 될 경우 '원주민이나 임차인들이 내몰리는 현상'으로서의 젠트리피케이션 부작용 등에 효과적으로 대응할 수 있기 때문이다. 또한, 젠트리피케이션 방지를 위한 상생협약과 사업 추진에 따라 토지가격 등이 급격히 오를 수 있는 제반 문제점 들이 발생되지 않도록 안전장치 및 회피 방안 등을 마련하고 있다.

그런데 최근 손혜원 의원이 목포 원도심에서 본인 이름이 아닌 조

카, 보좌관 딸 등 제3자 명의의 20여채 부동산 매입을 두고 부동산 투기라는 평가와 문화적 투자라는 시각이 부딪히고 있다. 이에 대한 법적인 다툼으로서의 진위 여부야 검찰로 넘어 갔으니 검찰이 판단해 줄 것으로 믿는다. 그러나 '인구감소와 지역경제 쇠퇴로 쇠락해 가는 지방 도시의 근대 문화유산에 대한 도시재생적 가치를 전문가적 식견으로 발견하고 국회의원 등의 지위를 활용해 정책적으로 관여하거나 위력을 행사해 도시재생사업 추진하고 사업 추진으로 인한 이익이 지역민들에게 돌아가지 않고 오히려 사업 대상지에서 내쫓기거나 내몰리는 현상'으로서의 젠트리피케이션과 손혜원 의원의 이름자로 합성된 '손트리피케이션' 현상이 나타날 수 있다는 점에서 귀추가 주목되고 있다. 이것은 앞으로 추진될 더 많은 도시재생뉴딜사업대상지에 대한 사업 추진과정에서 발생할 수 있는 긍적 혹은 부정의 문제일 수 있다는 점에서 매우 중요한 정책적 시사점을 제공한다.

스마트 축소 도시재생뉴딜 사업과 부동산 시장

최근 문재인 정부의 첫 번째 도시재생 뉴딜 사업의 시범사업 대상지 68곳이 발표 되었다. 부산은 4곳이 선정되었다. 도시재생과 관련한 다른 지역에 비해 상대적으로 더 노후화된 지역이 많은 부산 이니셔티브(initiative)때문인지 도(道)를 제외한 시(市) 가운데는 가장 많은 대상지가 선정되었다. 이번에 선정된 68곳의 시범사업은 내년 2월 선도지역으로 지정되며, 구체적인 활성화계획을 수립해 도시재생 사업이 본격적으로 추진된다.

부산의 경우 국가 재정 지원 규모가 가장 큰 경제기반형 도시재생

사업의 경우 2014년에 부산역 일대가 이미 선정된 바 있다. 도시재생 뉴딜사업의 5개 유형 가운데 북구가 중심시가지형으로 동구가 일반 근린형, 사하구가 주거지원형, 영도구가 우리동네살리기로 각각 선정 되었다. 사업 유형에 따라 사업 기간 동안 작게는 50억 크게는 150억 원이 지원된다. 선정된 68곳 사업에 총 1조 1,439억이라는 국민 세금 이 국가 재정으로 직접 지원된다.

이 때문인지 사업대상지 선정 전후로 이들 지역 부동산에 대한 투기 내지는 투자 수요로서관심이 집중되고 있다. 이런 이유로 이번 시범사업 선정 과정에서 부동산 가격 상승이 높은 지역은 선정에서 배제되었으며, 선정된 사업에 대해서도 지속적으로 모니터링을 실시하여 부동산가격 이상 급등 등의 문제가 있으면 사업 시행시기를 조정하고 정부 지원이 중단될 수도 있다. 이에 따라 지자체 차원에서는 부동산 투기와 같은 문제 발생 시 대처를 위한 제반 장치와 규제 수단이 강구될 필요가 있다.

그렇다고 이번에 선정된 모든 지역이 부동산 투자 측면에서 관심을 받는 것은 아니다. 부산의 경우 사업 특성 상 일반 근린형이나 중심시가지형으로 선정된 지역의 부동산 가격은 공급 과잉 여파와 지역 경제의 침체에 따른 하락 가능성에도 불구하고 일부 투기적 수요가 작동할 가능성이 높다. 따라서 무분별한 투기적 수요의 발동으로 어려운 상황 속에서 유치된 사업들이 성과를 내기도 전에 좌초되지 않도록 시민 모두의 관심이 요구된다. 일련의 스마트 축소 도시재생 사업을 통해 부산의 노후화된 원도심 및 중심 시가지가 경제적·문화적·사회적 재생을 통해 새로운 도약의 발판을 마련하는 것이 부산의 미래를 위해 중차대하기 때문이다. 스마트 쇠퇴, 스마트 축소로서의 도시재생사업을 통해 부산만의 정체성을 통해 우리나라 제2의 도시로 다시 우뚝 서는 전기가 마련될 수 있기를 기대해 본다.

4차 산업혁명과 도시재생

4차 산업혁명이 빠지지 않고 언급된다. 모르면 세상 돌아가는 소식을 모르는 사람처럼 취급당하기 십상이다. 그런데 우리는 이미 4차 산업혁명 안에 있다. 쓰고 있는 스마트폰(smart phone)의 '스마트(smart)'가 4차 혁명과 관계된다. 그것이 우리의 생활뿐 아니라 사회전반 나아가서는 도시, 국가의 경쟁력을 좌지우지 할 것이니, 4차 산업혁명에 대한 우리 사회의 호들갑은 그에 대한 대비를 혁명적으로 해야 한다는 강박관념의 표현인 셈이다.

4차 산업혁명은 정보통신기술(ICT)의 융합으로 이뤄지는 차세대 산업혁명을 말한다. 인공지능, 사물인터넷, 로봇공학, 나노기술 등의 신기술이 융·복합되는 산업적 진화다. 증기기관이나 전기, 컴퓨터가 바꾸어온 세상 이후 그 보다 더 많은 변화가 예상되기에 2016년 세계경제다보스포럼(WEF: World Economic Forum)에서 처음으로 언급되었다. 한마디로 새롭게 정의된 이 시대 대표 용어인 셈이다.

그렇다면 무엇이 도시재생과 연결될까? 또 무슨 관계가 있을까? 설령 나한테는 어떤 영향이 있을까? 우리 도시들 대부분은 지금 70년대 이후 개발의 시대를 지나 관리의 시대를 맞고 있다. 원도심은 공동화되어서 고령화 되었고 이전과 같은 경제적인 도시 활력을 기대할 수 없게 되었다. 여기에 인구까지 외부로 빠져 나가거나, 감소하면서 도시의 외연적 성장은 고사하고 현상을 유지하기도 힘들어지고 있다. 그런 원도심의 오래된 도시 인프라를 인공지능, 사물인터넷이 가능한 설비로 교체해 지능형 교통, 원격 및 인공지능 의료, 서비스 디지털 금융 등 현재의 기술을 접목해 스마트한 공간을 만들고, 거기에 떠나간 사람들과 새로운 사람들을 지역과 도시에 다시 불러 모아 새로운 창업 · 창직의 도시공간을 조성하는 것이 '4차 산업혁명 도시재생사업'이다.

도시재생사업에 4차 산업혁명이 접목되면 도시 인프라가 새롭게 바뀐다. 교통의 흐름이 빨라지고 보행환경은 더욱 개선된다. 거리 곳곳에서 스마트폰으로 집안의 전자기기와 도시가스 등을 확인 · 조정하고, 집의 보안까지 확인할 수 있다. 그리고 4차 산업과 관련된 회사가 우리 지역에 들어오거나 새롭게 생기면 취업 · 이직의 다양한 기회가 생긴다. 경제활동의 기회 확대로 생활에 여유가 생기고 그만큼 소비가 진작된다. 그리고 중요한 것 하나 더 스마트한 동네가 될수록, 살고 있는 도시가 스마트한 도시가 될수록 내가 살고 있는 도시의 경쟁력이 높아지고 도시의 경쟁력이 높아지는 만큼 내가 살고 있는 집값이 더 올라간다. 4차 산업혁명이 성공적으로 추진되어야 할 이유다.

콤팩트도시와 부동산 시장

2017년 부동산시장은 불확실성의 시대일 듯 싶다. 부산을 위시한 많은 지역들의 주택가격이 이미 많이 올랐고, 많이 공급됐다. 여기에 주택가격이 올라갈 요인보다는 떨어질 요인이 많아진 탓이다. 저성장, 고령화, 만혼 여파 탓이라고 하지만 43년 만에 처음으로 인구이동이 최저치를 기록했다. 취업·결혼 등으로 인구이동이 다른 연령대에 비해 많아야 하는 20대의 인구이동이 100명당 5.7명 감소했다는 것은 내집마련이 아니더라도 20대의 주택수요가 감소했다는 것은 향후 주택수요가 감소할 수 있다는 점에서 우려스러운 수치다.

인구이동의 감소는 최근의 저성장 기조와 세계경제의 불확실성 증대에 따라 주택가격의 상승보다는 횡보 또는 하락 가능성을 높이는 요인으로 작용한다. 이러한 추세는 1970년대 이후 우리나라가 압축성장을 통한 '개발시대'로부터 주택의 양적 문제를 해결하고 이제부터는 질적 문제와 더불어 '관리의 시대'로 접어들었음을 의미한다. 바야흐로 성장보다는 쇠퇴, 확장보다는 축소가 불가피한 시대로 전이하고 있음을 각종 지표들을 통해 접할 수 있다. 그렇다면 이렇게 변화하는 여건 속에서 부동산시장과 관련해서는 어떤 점에 착안해야 할까? 작금의 변화를 어떻게 보고, 어떻게 이해해야 전환기 시대의 부동산시장에 효과적으로 대처할 수 있는 안목을 갖출 수 있을까?

키워드로 정리하면 스마트 쇠퇴(smart decline), 축소도시(shrinking city), 콤팩트도시(compact city, 압축도시)로 요약된다. 인구의 감소로 더 이상 기존 도시의 확장 또는 팽창 가능성이 줄어들었다. 확장이 아니라면 기존 공동화된 도심을 재생시켜 경제적·문화적·사회적 활성화를 도모해야 한다. 이것이 도시재생이고 이러한 대비가 쇠퇴의 속도를 늦추면서 구도심을 활성화시키는 스마트 쇠퇴이다. 따라서 확장보다는 축소도시를 통해 구도심을 콤팩트하게 만들고자 하는 것이 콤팩트도시다. 콤팩트도시란 '도시의 주요 기능을 중심부에 밀집시킨 고밀의 압축 도시'를 뜻한다. 이를 통해 '지속가능한 도시'로 만들자는 것이다.

인구유출로 고민하던 일본의 도야마시는 대중교통망을 정비해 주거지역에 인구를 집중시키는 대중교통중심도시(TOD) 계획을 수립함과 동시에 생활편의시설을 인구가 많은 도심에 집중시켰다. 도심으로 이주하는 시민들에게 보조금도 지원했다. 도심거주비율이 증가했고 도심이 다시 살아났다. 일본 정부는 콤팩트시티 건설 계획을 수립하는 지자체에게 도시정비관련비용의 50%를 보조해주고 있다. 불확실성의 시대에 도시가 무엇을 지향해야 하는지, 부동산시장이 어떻게 변할지 일본은 우리에게 여러 가지를 보여주는 반면교사다.

부동산 가치와 '젠트리피케이션'

가수 '싸이'가 다시금 주목받고 있다. 싸이가 부른 '강남스타일'은 2015년 10월 현재 유튜브(YouTube) 사상 최고인 24억 뷰를 달성했다. 정확히는 2,428,208,525건(10일 오후 1시 기준)을 기록하고 있다. 그런데 이번에 다시 주목 받는 이유는 노래 때문이 아니다. '강남스타일'로 돈 벌어 빌딩 사서는 가난한 문화예술인을 내쫓는 악덕 건물주라는 비난을 받고 있기 때문이다. 현재 문제 제기 되고 있는 부분은 법적인 문제이기 때문에 시시비비에 대해서 여기서는 논외로 한다. 다만, 싸이가 매입한 건물이 최근 '골목 걷기'와 관련해 뜨고 있는 서울 이태원 한남동에 입지하며, 이로 인해 어쨌거나 입주했던 문화예술인이 내쫓기는 최근 문제시 되고 있는 '젠트리피케이션'의 또 다른 사례로 언급되고 있다는 점이다.

'젠트리피케이션(gentrification)'은 선진 외국에서 유래된 '특정 현상'을 빗댄 용어이다. 원도심의 활성화 되지 못한 공간이 재개발이나 리디자인(re-design)을 통해 새로운 모멘텀을 맞으면서 도심이었으면서도 지대(地代, 임차료)에 걸맞지 않는 저렴한 지대(임차료)로 거주했던 저소득계층이 중산층 이상 계층의 도심 유입으로 밀려나가는 현상을 두고 나온 말이다. 간단히는 '도심재활성화'로 번역된다. 보다 쉽게는 도심의 부동산 가치가 상승하면서 이곳에 살던 저소득 임차인이 쫓겨 나가는 현상으로만 차용되어 다소 부정적인 의미로의 사용이 확대 재생산되고 있다는 느낌을 받는다. 이것은 당초 '특정 현상'을 두고 만들어진 본래의 뜻이 '기존의 임차인을 내쫓고 자본가가 횡포를 부리는 못된 짓'처럼 비춰지는 사례로 더 많이 소개되고 있다.

젠트리피케이션 현상이 임차인이 아무런 보장 없이 내몰리는 나쁜 것이라면, 이러한 현상이 나타나지 않도록 제도적인 정비가 모색되어야 한다. 부산의 영화 국제시장으로 유명한 '꽃분이네'가 대표적이다. 부산시의 중재로 마무리되었다고 하지만, 그 뒤를 장담할 수 없다. 그렇다면 상가협의회 또는 임대인, 임차인 등이 상호 공감할 수 있는 규약을 만들어야 한다. 임대료, 임대기간 또는 업종의 선택과 제한까지 두루 공감할 수 있는 제도적 장치를 만들고 부산시 또는 관련 지자체는 조례 등을 제정해 관련 규약이 법적 효력을 갖출 수 있도록 하는 제도적 장치를 마련해야 한다. 그래야 제2의 '꽃분이네'가 생기지 않는다. 10월 현재 이미 100만 방문객을 넘긴 감천문화마을, 뒤이어 방문객들이 많이 찾는 초량 이바구길, 영도 흰여울 마을 등 부산형 도시재생사업들이 제대로 활착(rootage)되기 위해서라도 반드시 필요하다.

도시재생 선도사업을 '탐'하라

부산이 과연 몇 개의 도시재생 선도사업을 선점할까? 도시재생사업을 통해 공동화로 활력을 잃은 부산의 원도심과 근린으로서의 주거환경 및 주거여건은 어느 정도 개선될 수 있을까? 전국적인 현상은 아니더라도 작금의 '물량 없는' 전세 발(發) 주택시장의 난맥상은 해소될 수 있을까? 아버지 세대인 '베이비부머'는 집값을 지키려고 하고 자녀 세대인 '에코세대'는 집값 하락을 기대하는 세대 간 갈등은 해소 될까? 개별 재생사업의 성공적인 사업 수행만이 아닌 이유다. '오래된 미래'로서의 도시의 경쟁력과 우리 모두가 겪고 있는 저성장, 100세 시대의 보편적 주거와도 연관된다.

도시재생 선도사업은 주민과 지자체가 재생사업을 수립 · 시행하고 국가가 지원한다. 지자체의(밑으로부터의) 필요와 요구의 반영이라는 점에서 이전의 '(top down 방식의)위로부터의' 사업과는 구별된다. 또한 '재생'의 사전적 의미처럼 고성장 · 압축개발 시대를 거치면서 야기되고 누적된 도시 공간의 문제를 '고쳐 다시 쓴다'는 점에서 개발의 논리보다는 치유의 모멘텀이 될 수 있기도 한 사업이다. 그런 이유로 원도심 활성화를 통해 재성장을 위한 성장 동력이 요구되는 부산시로서는 반드시 필요한 사업이라고 할 수 있다. 선도사업은 도시경제기반형 사업과 근린재생사업으로 구분된다. 사업에 선정되면 각각 250억, 200억의 국비가 지원된다. 정부는 올 해 상반기 내에 전국에 11곳(도시경제기반형 2곳, 근린재생형 9곳)의 도시재생 선도지역을 선정할 예정이다. 선도사업은 작년 12월 5일 시행된 '도시재생 활성화 및 지원에 관한 특별법'(이하 도시재생특별법)에 의해 부산시의 제안으로 시도되는 국책 사업이다. 부산시가 주도 했으니 부산

이니셔티브가 존재한다. 왜냐하면 평가항목으로 검토하는 사업구상의 적정성, 지역의 쇠퇴도, 주민·지자체의 추진 역량, 사업의 파급효과 측면에서 부산의 현재 상황이나 지자체의 역량 등이 적절히 평가지표에 반영되었기 때문이다.

부산시로서는 도시경제기반형 사업과 다수의 근린재생 사업 선정을 기대하고 있다. 특히 "부산광역시 원도심지역의 창조적 재생 마스터플랜"에 따라 북항 재개발사업과 부산역 일원 개발계획을 산복도로 르네상스사업과 연계시켜 복합개발 사업으로 추진하기 위한 도시경제기반형 도시재생 선도지역 선정과 기존 전면 철거 형태의 재개발·재건축 사업이 아닌 마을만들기 등을 통한 생활권 단위의 삶의 질 개선을 기대할 수 있는 근린재생 선도사업 신청을 준비하고 있다. 새로운 경제기능 도입을 통한 고용 창출과 생활 인프라 확충을 통한 지역 일자리 창출을 기대할 수 있다는 점에서 사업 선정과 관련해 다른 지역과의 선의의 경쟁에서 반드시 이겨야 한다. 다른 지자체와의 경쟁을 통해 선정되겠지만 부산시의 사업 선정은 단순히 국비가 지원되는 특정 사업을 부산시가 선점했다는 데 있지 않다. 사업 선정자체로 인구가 감소하고 있고 광역시 가운데 가장 빠른 고령화가 진행되고 있는 부산시 원도심에 대한 경제적, 사회적, 문화적 재생이 시도 된다는 것이고 이러한 부산시의 이니셔티브가 부산의 새로운 경쟁력을 위한 기반이 될 수 있다는 점에서 중차대하다. 도시재생 선도사업을 부산이 탐해야 하는 이유가 여기에 있다.

100세 시대, 100년 주택

100세 시대에 맞게 100년 주택이 나올 전망이다. 정부는 아파트 재건축 대신 일단의 보수나 리모델링만으로도 100년을 버티는 아파트 개발에 나섰다. 2011년 현재 주택보급률이 102.3%에 이르는 등 대규모 공급이 필요했던 공급시대가 지나면서 기존 주택의 주거 수준을 유지 · 관리하는 게 더 경제적이란 판단에서다. 또한 저성장기조와 주택가격의 하향 안정세가 지속될 경우 장기적으로 재개발 · 재건축 사업이 위축되고 이로 인한 사회적 비용을 감소시킬 수 있다는 측면에서도 바람직한 시도라고 할 수 있다.

현재 우리나라 전체 주택에서 아파트가 차지하는 비중은 1990년 22.7%에서 2010년 약59%(818만 가구)로 커졌다. 하지만 낡은 아파트를 새 아파트로 교체하는 기간은 선진국에 비해 짧다. 영국은 128년, 미국은 72년이지만 우리는 27년밖에 안 되는 시점에서 기존 주택을 허물로 새 아파트를 지어왔다. 건물의 뼈대인 콘크리트 수명은 100년을 버틸 수 있다. 문제는 30~40년 수명의 건물 내부 배선이나 배관이다. 내부 설비의 노후화로 인한 주거불편이 재건축의 명분이 되어 왔다. 내부 설비를 적정 주기에 교체할 경우 연평균 22조 원의 비용을 절약할 수 있다. 2015년부터는 500가구 이상 아파트는 의무적으로 아파트 수명을 늘리는 최소 설계 기준을 따르도록 법 개정도 추진한다.

새 설계 기준은 집주인의 취향, 가족 구성원 수 등에 따라 내부 구조를 쉽게 바꿀 수 있다. 보와 기둥이 천장을 받치는 방식의 기둥식 구조로 집을 짓고, 한 가구에 설치한 벽은 쉽게 짓고 부술 수 있는 형태로 만든다. 기둥식 구조로 집을 지을 경우 최근 사회문제로 대두되고 있는 층간소음 완화에도 효과적 이다. 1등급(최우수)을 받으려면 바닥을 이중으로 만들어 각종 배관과 배선을 넣을 수 있는 공간을 둬야 한다. 바닥을 열어 배관 등을 교체할 수 있도록 하는 것이다. 현재의 기술 수준으로 소위 '100년 주택'을 지을 경우 기존보다 10~20% 안팎 초기 건축 비용이 더 들어간다. 이를 위해 인센티브를 도입할 예정이다. 용적률 등 건축 기준을 완화해주고, 조달청 공사에 입찰하는 건설사에 참가자격심사(PQ)에서 가점을 줄 계획이다. 소비자들에게는 수명이 긴 높은 등급(최우수·우수)의 주택을 구입하면 취득세·재산세 등을 감면하는 방안도 검토한다. 바야흐로 뼈대 있는 100년 주택 시대다.

서정렬

영산대학교 부동산학과 교수다. 경원대학교(현 가천대학교) 도시계획학과를 졸업했으며 동 대학원에서 박사학위를 받았다. 현재 행정안전부 보행환경개선사업 자문위원, 행정중심 복합도시건설청 총괄자문위원, 부산시 도시재생위원, 울산시 주거정책심의위원 등으로 활동하고 있다.

서울연구원과 주택산업연구원, 부동산114 자회사 등에서 도시와 주택 문제를 연구했다. '걷고 싶은 도시와 살고 싶은 주택'에 관심이 많으며 '시골교수 서정렬의 궁리연구소' 블로그를 운영하고 있다. KBS 〈명견만리-700만 베이비부머, 기로에 서다〉 등 '걷고 싶은 도시, 살고 싶은 주택'과 관련된 방송에 출연하거나 칼럼을 쓰고 있다. 저서로는 『부동산개발, 디벨로퍼』(2019), 『도시재생사업의 이해와 실무』(2019), 『아파트의 이해와 활용』(2019), 『스마트 디클라인, 창조적인 쇠퇴』(2017), 『1인 가구』(2017), 『저렴주택』(공저, 2017), 『부동산인간, 호모 프라이디오룸』(2016), 『젠트리피케이션』(공저, 2016), 『도시공공디자인』(2016), 『도시재생 실천하라: 부산의 경험과 교훈』(공저, 2014), 『리셋(Reset), 주택의 오늘 내일의 도시』(공저, 2012), 『주거 3.0: 100세 주거, 전세는 없다』(공저, 2012), 『도시는 브랜드다: 랜드마크에서 퓨처마크로』(공저, 2008)등이 있다. 논문으로는 「워커블 어버니즘을 통한 도시경쟁력 제고 방안 연구」(2014) 등이 있다.